中小学传统文化必读经典丛书

# 庄 子

赵明 黎爱 编著

中华书局

**图书在版编目（CIP）数据**

庄子 / 赵明，黎爱编著 . —北京：中华书局，2017.1
（2018.1 重印）
（中小学传统文化必读经典）
ISBN 978-7-101-12166-7

Ⅰ．庄… Ⅱ．① 赵… ② 黎… Ⅲ．① 道家 ②《庄子》—
青少年读物 Ⅳ．B223.5-49

中国版本图书馆 CIP 数据核字（2016）第 228965 号

书　　名　庄　子

编 著 者　赵　明　黎　爱

丛 书 名　中小学传统文化必读经典

责任编辑　王　彤

出版发行　中华书局
　　　　　（北京市丰台区太平桥西里 38 号 100073）
　　　　　http：//www.zhbc.com.cn
　　　　　E-mail：zhbc@zhbc.com.cn

印　　刷　中煤（北京）印务有限公司

版　　次　2017 年 1 月北京第 1 版
　　　　　2018 年 1 月北京第 2 次印刷

规　　格　开本 / 880×1230 毫米　1/32
　　　　　印张 5.75　插页 2　字数 120 千字

印　　数　5001-10000 册

国际书号　ISBN 978-7-101-12166-7

定　　价　15.00 元

# 致敬经典，亲近经典

中华传统文化经典著作历久弥新，就像岁月打磨的一颗颗光亮的钻石，等待我们去探索其中的奥秘。经过几千年的积累，传统文化经典著作浩如烟海，那么，对于中小学生来说，哪些是现阶段"必读"的，哪些是可以暂时放一放，留待以后再读的呢？为此，我们根据教育部颁布的《完善中华优秀传统文化教育指导纲要》对中小学生阅读传统文化经典著作的指导精神，参考《义务教育语文课程标准》和《全日制高中语文课程标准》关于传统文化的推荐阅读书目，并结合小学、初中和高中教材以及中高考涉及的传统文化著作，编辑了这套"中小学传统文化必读经典"丛书。具体来说，丛书又可分为以下几组"必读"小系列：

**必读故事经典**：《中华成语故事》《中华神话故事》《中华历史故事》《中华民间故事》

**必读蒙学经典**：《三字经 百家姓 千字文 弟子规》《声律启蒙》《笠翁对韵》《增广贤文》《幼学琼林》

**必读思想经典**：《论语》《孟子》《大学 中庸》《老子》《庄子》

**必读历史经典**：《史记》《战国策》

**必读古诗经典**：《诗经》《唐诗三百首》《宋词三百首》《千家诗》

**必读古文经典**：《古文观止》《世说新语》

**必读小说经典**：《西游记》《水浒传》《三国演义》《红楼梦》

以上几组"必读"经典，收录了中华传统文化著作中的"最经典"，涵盖了思想、历史、文学、语言文字等多个领域，对于中小学生来说已经是"蔚为大观"了。

考虑到不同学段以及经典本身的内容特点，丛书在体例上不求统一。如"必读故事经典"，在保留故事精髓的前提下，改编为更适合小学生阅读的内容，并且在故事后附经典原文，链接相关故事或知识。"必读蒙学经典"，添加了拼音、注释、译文和解读，方便小学生诵读和理解。"必读小说经典"，对书中不易理解的字词进行了注释，使读者能够无障碍阅读。其他系列的经典则根据情况，有的收录原著全文，有的选录最经典的章节或篇目，主体内容包括正文、注释、译文和解读四个部分。所有经典原文，皆选用中华书局的权威版本作为底本，注释精准，讲解深入浅出，充分考虑中小学生的阅读实际。在尊重前人研究成果的基础上，也适当阐发新思路、新观点，激发中小学生的探索、求知欲望。每本书的最后，设置了独特的"阅读方案"，有的对经典的内容进一步讲解和拓展，有的对经典的思想内涵进行深刻阐述，有的对如何阅读经典给予阅读指导，有的梳理了与经典相关的知识或趣闻……总之，我们希望提供一套真正适合中小学生阅读的传统文化经典读本，让中小学生读得懂，读得有收获，读得有趣味，对经典既存有崇高的敬意，又不敬而远之，而是乐于亲近经典，体会到与经典相伴的快乐。

本套丛书由富有研究成果的专家学者和教学经验丰富的一线教师，根据中小学生的阅读需求协力编写而成。在此向所有参与编写的人员表示衷心感谢。

书和读书人是一个永恒的命题。少年时代正是读书的好时候。少年读书有着自身的特点，古人有一个形象的说法：少年读书，如隙中窥月。这是由少年的阅历所限。我们也许不能拓宽这个小小的缝隙，但我们可以在这一隙之外，为读书的少年拂去眼前的云雾，展现书海中的明月和几颗灿烂的星。

中华书局编辑部

# 目　录

## 内　篇

# 外　篇

## 杂　篇

## 让王

## 列御寇

## 《庄子》阅读（备考）方案

# 内　篇

逍遥游

# 小大之辨

北冥有鱼①，其名为鲲②。鲲之大，不知其几千里也。化而为鸟，其名为鹏。鹏之背，不知其几千里也。怒而飞③，其翼若垂天之云④。是鸟也，海运则将徙于南冥⑤。南冥者，天池也⑥。

《齐谐》者⑦，志怪者也⑧。《谐》之言曰："鹏之徙于南冥也，水击三千里⑨，抟扶摇而上者九万里⑩，去以六月息者也⑪。"野马也⑫，尘埃也，生物之以息相吹也⑬。天之苍苍，其正色邪⑭？其远而无所至极邪？其视下也，亦若是则已矣⑮。

且夫水之积也不厚⑯，则其负大舟也无力⑰。覆杯水于坳堂之上⑱，则芥为之舟⑲；置杯焉则胶⑳，水浅而舟大也。风之积也不厚，则其负大翼也无力。故九万里则风斯在下矣㉑。而后乃今培风㉒，背负青天而莫之夭阏者㉓，而后乃今将图南。

　　蜩与学鸠笑之㉔，曰：“我决起而飞㉕，抢榆枋㉖，时则不至㉗，而控于地而已矣㉘，奚以之九万里而南为㉙？”适莽苍者㉚，三餐而反㉛，腹犹果然㉜；适百里者，宿舂粮㉝；适千里者，三月聚粮。之二虫又何知㉞！

　　小知不及大知㉟，小年不及大年㊱。奚以知其然也？朝菌不知晦朔㊲，蟪蛄不知春秋㊳，此小年也。楚之南有冥灵者㊴，以五百岁为春，五百岁为秋；上古有大椿者㊵，以八千岁为春，八千岁为秋，此大年也。而彭祖乃今以久特闻㊶，众人匹之㊷，不亦悲乎？

〔注释〕

①北冥：北方之大海。冥，后来写作“溟”。下文“南冥”之“冥”同。

②鲲（kūn）：古代传说中的大鱼。

③怒：奋发，用力。

④垂天：即"天陲"。垂，通"陲"，边际。

⑤海运：指海风动。

⑥天池：大自然的水池。

⑦《齐谐》：书名。

⑧志：记述，记载。

⑨水击：即水激，指大鹏鸟的翅膀激水而腾起。

⑩抟（tuán）：环绕着向上飞翔。　扶摇：大旋风。

⑪六月息：六月的大风。息，气息，指风。

⑫野马：春天山林沼泽之上的浮游之气，蒸腾如奔马，所以叫"野马"。

⑬生物：指一切有生命的东西。　息：指风。此句是说天地间一切活动之物，都由风相吹而动。

⑭正色：本色，固有之颜色。

⑮则已：而已。

⑯积：蓄积。　厚：深广。

⑰负：负载。

⑱坳（ào）堂：堂上低洼之处。

⑲芥：小草。

⑳胶：粘住，指因水浅贴住地面不能浮动。

㉑斯：乃，就。

㉒乃今：乃即。　培：凭，培风即乘风。

㉓莫之夭阏（è）：即没有什么力量能够阻遏它。夭阏，阻拦。

㉔蜩（tiáo）：蝉。　学鸠：一种小鸟名。

㉕决起：尽力而飞。

㉖抢（qiāng）：触撞。 榆枋（fāng）：榆树和檀树。

㉗时则：时或。 不至：指飞不到树上。

㉘控：投落。

㉙奚以：为什么。 之：往。

㉚适：往。 莽苍：郊野的景象，这里代指郊野。

㉛三餐：指抓三团饭吃。 反：同"返"。

㉜果然：形容腹饱。

㉝宿舂（chōng）粮：舂一宿之粮。"舂"字倒装在下。

㉞之二虫：此二虫，指蜩与学鸠。

㉟知：同"智"，智慧，聪明。

㊱年：年寿。

㊲朝菌：一种生长在木上的菌类，朝生暮死。 晦朔：指一日的阳光。晦，夜里。朔，早晨。

㊳蟪蛄（huì gū）：寒蝉，春生夏死，夏生秋死，所以不知一年有春秋之分。

㊴冥灵：传说中的灵龟，寿命极长。

㊵大椿：传说中的古树。

㊶彭祖：传说中的长寿之人。 久：指长寿。 特闻：特别闻名。

㊷匹：相比附。

〔译文〕 ～～～～～～～～～～～～～～～～～～～～

北海有一条巨鱼，它的名字叫作鲲。鲲的体积之大，不知道有几千里。变化而成巨鸟，它的名字叫作鹏。鹏的巨大脊背，也不知有几千里。

奋翅而飞，它的翅膀就像天边的云。这只鸟，当海动风起时就迁飞到遥远的南海。那南海是个天然的大池。

《齐谐》这部书，是记载怪异之事的书。《齐谐》上说："当鹏迁飞南海的时候，激起浪花三千里，然后环绕着大旋风而直上九万里高空，它是乘着六月海动而起的大风飞离的。"野马般的雾气，空中的游尘，各种活动的生物都是被风吹荡而运动的。天空苍苍茫茫，那是它的本色吗？它的高远深邃是没有尽头的吗？大鹏从高空看下面，就是这样的景象。

再说，水若积聚不深厚，那么它负载大船就没有足够的浮力。把一杯水倒在堂前的洼地，那么放进一根小草便可当作船而浮起；倘若放上一个杯子，那就要被粘住，这是水浅而"船"大的缘故。如果风力积聚得不强劲，那么它承负鹏的巨大翅膀就没有力量。所以，大鹏只有飞上九万里的高空，大风才能积聚在它的身下。然后才能乘着风力，背负青天，再没有什么可阻遏它，然后才飞往南海。

蝉和小鸠却讥笑大鹏，说："我们用尽气力飞了起来，撞到榆树、檀树梢头，有时或许还飞不到，投落到地上也就算了，为什么要到九万里的高空再往南飞呢？"到郊野去的人，只要吃下三团饭出行，回来后肚子仍然很饱；到百里之远的地方去，头天晚上便要备好干粮；到千里之遥的远方，就需要出行前三个月备集干粮。蝉和小鸠这两只虫鸟又知道什么！

小智不会了解大智，短寿不能了解长寿。怎么知道是这样呢？那朝生暮死的菌虫就不懂得早晚之分；那春生夏死、夏生秋死的寒蝉就不知道什么是一年的时光，这些就是"小年"。楚地的南方有一只灵龟，它以五百年为一个春季，五百年为一个秋季；荒古时代还有一棵大椿树，它更以八千年为一个春季，八千年为一个秋季，这就是"大年"。但现今世人只知道有个彭祖以长寿而闻名，一说到长寿大家都拿他来比配，这岂不是太可悲了吗？

〔解读〕

此段为《庄子·逍遥游》的首段，充分显示了庄子哲学思维开阔、想象丰富、气势雄浑、境界宏大、行文恣肆的特点。

在天高海阔的浩瀚背景中，一只大鲲化为巨鹏，展开它那遮天蔽日的巨大翅膀，水击三千里，扶摇直上九万里，由北海向遥远的南海飞迁，这样的形象、意象和境界是何等的令人心胸开阔，意气昂奋啊！

大鹏能够壮飞、远徙，不仅仅在于它有"图南"的远大志向，还在于它凭借了翼下厚积着的强劲风力。"风之积也不厚，则其负大翼也无力"，这就是"积厚"的重要意义和普遍价值。不树立高远的志向，就没有"积厚"的动力，而没有"积厚"的努力，也就无法实现远大的志向。大鹏凭借翼下巨大风力而凌飞的形象，说明的正是这个道理。

与大鹏的壮飞形成鲜明对照的是蜩与学鸠可笑的态度。这两只虫鸟自我满足于榆、枋上下的腾跃，讥笑大鹏海天万里的壮飞，活现出"小知不及大知"的封闭、浅薄、猥琐相，着实可笑又可悲。读过庄子此段文字的人，怎能不以大鹏自勉，立高远之志，蓄"积厚"之力，行壮飞之举？岂甘做蜩与学鸠之辈，以跳跃于榆枋间为快乐，为满足？

# 不龟手之药

宋人有善为不龟手之药者①，世世以洴澼绕为事②。客闻之，请买其方以百金③。聚族而谋曰："我世世为洴澼绕，不过数金，今一朝而鬻技百金④，请与之。"

客得之，以说吴王。越有难，吴王使之将⑤。冬，与越人水战，大败越人，裂地而封之。

能不龟手，一也；或以封，或不免于洴澼绕，则所用之异也。

〔注释〕

①龟手：天气严寒时手皮冻裂。龟，通"皲（jūn）"。

②洴澼（píng pì）绕（kuàng）：在水上漂洗丝絮。洴澼，搓洗丝絮的声音。绕，絮，丝絮。

③金：古代货币单位，一金指一个单位重量的铜。

④鬻（yù）技：卖出技术，这里指卖出家传的秘方。

⑤将（jiàng）：率领军队。

〔译文〕

　　宋国有一家善于配制防治皮肤冻裂药膏的人家，世世代代靠在水上漂洗丝絮谋生。有个外乡人得知这事，请求以百金购买他们家的制药秘方。于是他们召集全家族商议，说："我家凭着这种特效药，祖祖辈辈干着漂絮的活儿谋生，所得不过几金，现在，一旦售出这个秘方，就可得到百金，就卖给他好了。"

　　那个人得到了秘方，便拿去游说吴王。正赶上越国有内乱，吴王派他领兵去伐越。冬天，和越军进行水战，大败越军。吴王因此划出大片土地赏给这个献药方的人。

　　同样是能防治皮肤冻裂的药，有的人靠它得到封赏，有的人免不了世世代代漂洗丝絮，这就是所派用场大不相同的缘故。

〔解读〕

　　一件事物，虽有其固有的效能，但却有大用和小用之不同，这不同的结果就缘于两种不同的思维和实践。正如同样的不龟手之药，有人用封闭、保守的态度对待它，其价值不过是世世代代可赖以从事水上漂洗丝絮的职业谋生；有人以开放的视野和创造性的思维任其效能发挥于水战，则可保护水兵的健康，增强其战斗力，从而取得一场战争的胜利。

　　效能相同，结果大异，关键在人，贵在创新。

齐物论

# 天籁之声

南郭子綦隐机而坐①，仰天而嘘，苔焉似丧其耦②。颜成子游立侍乎前③，曰："何居乎④？形固可使如槁木⑤，而心固可使如死灰乎？今之隐机者，非昔之隐机者也。"

子綦曰："偃，不亦善乎，而问之也⑥！今者吾丧我，汝知之乎？女闻人籁而未闻地籁⑦，女闻地籁而未闻天籁夫⑧？"

子游曰："敢问其方⑨。"

子綦曰："夫大块噫气⑩，其名为风。是惟无作，作则万窍怒呺⑪。而独不闻之翏翏乎⑫？山林（陵）之畏佳⑬，大木百围之窍穴，似鼻，似口，似耳，似枅，似圈，似臼，似洼者，似污者⑭。激者，謞者，叱者，吸者，叫者，譹者，宎者，咬者⑮。前者唱于而随者唱喁⑯，泠风则小和⑰，飘风则大和⑱，厉风济则众窍为虚⑲。而独不见之调调之刁刁乎⑳？"

子游曰："地籁则众窍是已㉑，人籁则比竹是已㉒，敢问天籁？"

子綦曰："夫天籁者，吹万不同，而使其自已也㉓。咸其自取，怒者其谁邪㉔？"

〔注释〕

①南郭子綦（qí）：楚人，居住城郭南端，因以为号。　隐：倚。　机：一种靠椅，似床，可靠背而坐卧。

②荅（tà）焉：木然，形体死寂的样子。　似丧其耦：指精神或心灵活动超越于形躯的牵制，而达到独立自由的境界。耦，通"偶"，匹对，指与精神相对的躯体。

③颜成子游：南郭子綦弟子，复姓颜成，名偃，字子游。

④何居：何故。

⑤槁木：干枯的枝木。

⑥而：同"尔"，汝。

⑦女：通"汝"。　籁：泛指从孔穴发出的声响。人籁，即指人吹奏各种乐器所发出的乐音。地籁，即指大地上风吹各种孔穴所发出的声响。

⑧天籁：指万物因其自然之性或自身状态而自鸣。

⑨方：道理。

⑩大块：指大地。 噫（ài）气：吐气。

⑪呺：通“号”，吼叫。

⑫翏翏：通“飂（liù）飂”，悠长而响亮的风声。

⑬畏佳：通“嵬崔”，山陵高峻的样子。

⑭"似鼻"八句：形容各种窍穴的形状。枅（jī），柱上方木。圈，杯圈。臼，舂臼。污者，指泥坑、水塘之类。

⑮激者：指湍激的水流声。 謞（xiāo）者：指羽箭发射的声音。 譹（háo）者：指号哭声。 宎者：指欢笑声，宎即"笑"之讹字。 咬者：指悲切之声。

⑯唱于、唱喁（yú）：呼唱于喁。于、喁，象声词。

⑰泠（líng）风：小风，徐来之风。

⑱飘风：大风，疾风。

⑲厉风：暴风。 济：止。

⑳调调（tiáo）、刁刁：形容风吹草木摇曳的样子。"调调"是树枝大动，"刁刁"是树叶微动。

㉑已：通"矣"。

㉒比竹：指多支竹管并列而制成的乐器，如笙、竽之类。

㉓使其自已：意指使众窍发出千差万别的声音，乃是各个窍孔的自然状态所取。

㉔怒者其谁：意指万窍怒号，并非另有发动者，而是自然而然，此即天籁。怒，激荡，指发动。

〔译文〕~~~~~~~~~~~~~~~~~~~~~~~~~~~~~

南郭子綦凭靠躺椅而坐,仰首向天缓缓地呼吸,那木然的样子好像精神脱离了躯体,进入了超越自我的境界。他的弟子颜成子游侍立在他的身前,问道:"怎么了?真可以使躯体像干枯的枝木,使心灵像熄灭的灰烬吗?您今天凭椅而坐的神情和以往凭椅而坐的神情太不相同了!"

子綦回答说:"偃,你问得正是地方!刚才我已经没有了自己,从而摒弃了'自我'的偏执,你知道吗?你听过'人籁'的音响,还没有听见过'地籁'的音响吧?或许你听见过'地籁'的音响,却没有听过'天籁'的音响吧?"

子游说:"学生冒昧请问这其中的究竟。"

子綦说:"大地吐发出来的气,它的名字就叫风。它要么不发作,一发作千千万万的孔窍便都会怒吼起来。你难道没有听过长风呼啸的声音吗?那崇山峻岭,高大盘回的地方,百围大树上的不同窍穴,有的像鼻孔,有的像嘴巴,有的像耳朵,有的像方木,有的像杯圈,有的像春臼,有的像深池,有的像浅洼。那发出的万种声响,有的像湍流激荡的声音,有的像羽箭发射的声音,有的像大声叱呵,有的像轻轻抽吸,有的像放声呼叫,有的像痛哭号啕,有的像欢歌笑语,有的像哀切感叹。真是此呼彼应,犹如协奏,前面的风呜呜地唱'于',后面的风呼呼地和'喁'。清风徐缓相和的声音小,长风疾劲相和的声音大。迅猛的大风一旦停歇,千窍万穴也都空寂无声。你岂不见那树木的枝叶还没有完全停止摇动吗?"

子游说:"看来,'地籁'就是各种孔窍了,'人籁'就是那笙箫之类的乐器了,那么请问'天籁'又是什么呢?"

子綦说："那'天籁'，尽管吹出的声音千殊万异，但都是发声于各个窍孔自身，出于自然，鼓动它们发声的还有谁呢？"

〔解读〕～～～～～～～～～～～～～～～～～～～～～～～～～～～～

"逍遥"与"齐物"是庄子哲学的核心成分，前者讲庄子式的价值观，后者讲庄子式的认识论。本段是《齐物论》的首段，全部"齐物论"哲学，即由本段南郭子綦与颜成子游的对话问答生发扩展、深化升华起来。

什么是"齐物论"？顾名思义，就是关于万物平等的论述。实际上，"齐物论"就是庄子式的"天人合一"观念的独特阐释，是他以直觉领悟的方式，讲述如何进入"天人""物我"一体的境界的。

本段分两节。

第一节写南郭子綦以"似丧其耦"和"吾丧我"的方法摒弃了"以我观物"，由此进入"以道观物"的境界。"以我观物"和"以道观物"是两种完全不同的认识方法："以我观物"，即从主体的"我"出发来看客体的世界，它必然会导致所见不同的局面，永远得不到"真实"。对此，庄子做了很有趣的分析："毛嫱、丽姬，人之所美也，鱼见之深入，鸟见之高飞，麋鹿见之决骤。四者孰知天下之正色哉？"庄子发现，在"以我观物"的主客体对立中，由于"我"被强化、偏化，而"物"失其真。"以道观物"则跳出主客体的对立，不是站在"我"（主体）的立场看"物"，而应当是站在"道"的立场上看"物"。这种方法，也就是从"存在"本身看"存在"，而不是从"存在"的外面看"存在"。所以，在"以道观物"中，由于"我"被弱化、淡化，而"物"现其形，也由于超越了主体与客体的对立,"存在"便被理解为"一"或"全",于是,在悟道中就会呈现万物一体的境界。"似丧其耦"和"吾丧我"就是通过弱化、淡化自我的偏执而进入"以道观物"的境界,在这种境界中摒弃知性分析而获得真正的悟性思维,这就是庄子"齐物论"的认识基石和实现"天人合一""物我平齐"境界的思维方法。简言之,"似丧其耦"和"吾丧我"的功夫,就是进入哲学沉思的状态,就是内心对"存在"(道)的直接领悟和体验,就是获得悟性思维的不二法门。

第二节,在师徒继续问答中提出如何认识"三籁"而悟道,其中"夫天籁者,吹万不同,而使其自已也。咸其自取,怒者其谁邪",正是道家核心理念"道法自然"和"道性自然"的形象表达。在这段中,哲学家的庄子在以"三籁"喻道时,观察入微,想象丰富,穷形尽相地状出风木形声,把深邃的哲学思考和生动的感性形象结合得如此自然、巧妙,如出天籁,以形见理,以美启真。《齐物论》开篇与《逍遥游》《秋水》的开篇,都集中地展示出一种美的境界,并把哲学的沉思隐藏在美的境界里,这些,不仅显示了庄子文章的特色,而且是德国大哲学家海德格尔所赞扬的东方哲学"非概念性语言和思维"(《在通向语言的途中》)的典范。

# 道行之而成

　　道行之而成，物谓之而然。有自也而可，有自也而不可。有自也而然，有自也而不然。恶乎然[①]？然于然。恶乎不然？不然于不然。恶乎可？可于可。恶乎不可？不可于不可。物固有所然，物固有所可。无物不然，无物不可。故为是举莛与楹[②]，厉与西施[③]，恢恑憰怪[④]，道通为一。其分也，成也；其成也，毁也[⑤]。凡物无成与毁，复通为一。

〔注释〕

①恶（wū）：疑问词，怎么，何。

②莛（tíng）与楹：莛，草茎。楹，木柱。茎小而柱大，庄子以莛柱比喻大小。

③厉与西施："厉"通"疠（lì）"，即癞病。西施，古代著名美女。厉与西施比喻美丑。

④恢恑（guǐ）憰（jué）怪：千形万状，形形色色。

⑤其分也，成也；其成也，毁也：任何事物的消散，必定有所生成（成就另一

新物）；任何事物的生成，必定有所毁灭（毁灭原有的状态）。

〔译文〕

　　道路是人走出来的，事物的名称是人叫出来的。可以自有它可以的原因，不可以自有它不可以的原因。是有它是的原因，不是有它不是的原因。为什么是？自有它是的道理。为什么不是？自有它不是的道理。为什么可？自有它可的道理。为什么不可？自有它不可的道理。一切事物本来都有它存在的原因，一切事物本来都有它合理的地方。没有什么东西不是，没有什么东西不可。所以小草和大木，丑癞的女人和美貌的西施，以及一切千奇百怪的事物，从"道"的观点来看都可通而为一。万物有所分，必有所成；有所成，必有所毁。所以一切事物从"道"的观点来看就没有完成和毁坏，而都复归于一个整体。

〔解读〕

　　《齐物论》是最能代表庄子哲学思想的篇章，也是庄子哲学中最有特色的部分。《齐物论》的主旨是肯定一切人与物都有自身的价值和独特意义。所谓"齐物论"，有三个层面之"平齐""平等"，它包括了万物平等观、人的平等观以及由此引申出来的不同认识主体（人的不同认识）也具有平等性，从而反对将真理绝对化的独断论哲学。
　　第一个层面平齐万物的大小差异，提出万物都是"道"的不可分割的部分，而"道"则是一个整体性的存在；第二层面平齐人之间的贵贱、美丑，从"道"的观点来看，他们都有自己的价值；第三层面平齐人们认识上的"是非"，即认为不同的认识主体所做的"是""非"判断，都是人为的"我见"。庄子在这里主要是针对当时各家各派都认为自己的学说是无以复加，再好不过，即所谓"皆以其有为不可加"（《天下》）的独断论态度而提出的。庄子写《齐物论》的目的之一，就是试图总结和整合百家争鸣。《天下》有一段话说：战国时代天下大乱，圣贤隐晦，道德分歧，天下的人各执一端以自炫。这种情况就如同耳目鼻口，各自都有它的功能，却不能互相通用。庄子平齐是非的实质，既是反对"以其有为不可加"的独断论，又是思考如何将纷争导入整合。读《齐物论》，不可不了解这一点。

本文的中心是阐发"道通为一"的观点。因为"道通为一"才有万物一齐。"齐物论"哲学所说的物之"大小"，人之"贵贱"（美丑），论之"是非"三个层面上的平等观，都是建立在"道"是整体性的存在，万物互相依存这样的理论基点上的。

# 罔两问影

罔两问景曰①："曩子行②，今子止；曩子坐，今子起；何其无特操与③?"

景曰："吾有待而然者邪④? 吾所待又有待而然者邪? 吾待蛇蚹蜩翼邪⑤? 恶识所以然⑥! 恶识所以不然!"

〔注释〕

①罔两：影子外面的微阴，即影子的影子。 景：同"影"。

②曩（nǎng）：从前，以往。

③特操：独立的操守。

④待：依靠，凭借。

⑤蛇蚹（fù）：蛇腹下借以运行的横鳞。 蜩翼：蝉的翅膀。

⑥恶（wū）识：怎么知道。恶，何，怎么。

〔译文〕

影子外的微阴问影子："刚才你行走，现在你停立不动；刚才你坐着，现在你站起；你怎么这样没有自己的独立操守呢？"

影子说："我是有所依赖才这样的吗？我所依赖的东西又有所依赖才这样的吗？我的依赖就像蛇腹下的横鳞，蝉背上的翅膀吗？我怎么知道究竟是什么原因才这样！我又怎么知道为什么不是这样！"

〔解读〕～～～～～～～～～～～～～～～～～～～～～～～～～～

庄子编出罔两问影这个有趣的故事，本意虽在阐论"有待"与"无待"的关系，但是，当他把抽象的哲学概念形象化了，形象本身也就具有了自身的意义，这就是所谓"形象大于思想"。在这则寓言故事中，形象就表达了自身的意义。

庄子寓言中的形象纷然杂陈，包罗万象，历史人物、神话人物、虚构人物以及各种动、植物的拟人形象都曾大量出现，但这里却又闯进一个影子的形象。这个影子，该怎样理解呢？

影子不会思想，也没有个人意志和愿望，它虽有行、止、坐、起的活动，但不过是随形而动，自己完全没有独立的性格意识。这种无"特操"的影子完全不知道所以然或所以不然，只是不断听任"有待"的支配。一个没有独立思考、没有"特操"的人，也会完全被某种力量所支配，就如同影子一样。人云亦云，亦步亦趋，见风使舵，随大流，"墙头草"，这些都是无"特操"的表现。

# 庄周梦蝶

昔者庄周梦为胡蝶，栩栩然胡蝶也①，自喻适志与②，不知周也。俄然觉③，则蘧蘧然周也④。不知周之梦为胡蝶与，胡蝶之梦为周与？周与胡蝶，则必有分矣。此之谓物化⑤。

〔注释〕

①栩栩然：即翩翩然，形容蝴蝶飞舞欣然自得的样子。

②喻：晓，觉得。 适志：快意。 与：通"欤"。一说此五字隔断文义，应当为注文。

③俄然：一会儿。 觉：醒来。

④蘧（qú）蘧然：僵卧的样子。

⑤物化：意指物我界限消解，万物融化为一。

〔译文〕

从前庄周梦见自己变成了蝴蝶，翩翩飞舞的一只蝴蝶，自我感觉非常快意，根本不知道自己原来是庄周。忽然醒了过来，僵卧着的分明又

是庄周。不知道是庄周做梦化为蝴蝶呢，还是蝴蝶做梦化为庄周？庄
周与蝴蝶一定是有所区分的。它们之间的转变就叫作"物化"。

〔解读〕

庄周梦蝶是一个脍炙人口的故事，庄周以现身说法的方式，在这
个故事中宣讲"齐物论"哲学：周耶？蝶耶？其间有分又无分。有分的是
现象，无分的是本真；有分的是万物，无分的是道——这就是"齐
物论"。

但是，庄周梦蝶的哲理意蕴和文化内涵却值得更深入地发掘和解
读。因为这个故事对中国的读书人产生过特别的亲和力，一个梦境，引
出了后来无数的"梦文学"，唐代大诗人李白的《梦游天姥吟留别》，
明代著名剧作家汤显祖的《玉茗堂四梦》（《紫钗记》《牡丹亭》《邯郸
记》《南柯记》），清代伟大文学家曹雪芹的《红楼梦》，都是以"梦"构
思的名作，都有"梦"与"觉"（醒）的人生哲学。

庄周梦蝶包含了梦与觉、周与蝶乃至生与死这样三个层面的关系。

梦与觉。这里的"梦"不是单纯的心理学概念，而是一个包容了
人生哲学或美学意蕴的概念。"梦"与"觉"是感知"真"与"幻"的两
种情景和心理状态。但是"梦"与"觉"又是相对的、变动的、联结的，
"梦"中有"真"，"觉"中有"幻"，果真梦耶？果真觉耶？其间有分，又
无分。后来中国的那些"梦文学"，演绎并发展了"梦"与"觉"的有分
又无分，庄子也就成了"梦文学"之祖。

周与蝶。庄周梦蝶醒来不知是庄周做梦化为蝴蝶，还是蝴蝶做梦
化为庄周。在这里，本来相分的庄周与蝴蝶，各自超越了自己，彼此融

入和转化，出现了周耶蝶耶这种"真""幻"交融的情境。从"以我观物"的角度看，周与蝶是有分的；从"以道观物"的角度来看，周与蝶是不分的。它们之间的彼此转变不过是"道"的"物化"。正是"梦"与"觉"，"周"与"蝶"的"有分"与"无分"，造成了"真"与"幻"的"有分"与"无分"。从而，"蝶梦"所引出的有关"道"的"真"与"幻"的哲学问题，也就同世事沧桑、盛衰变易发生了联系，"蝶梦"由一个"齐物论"的哲学问题，变成了热衷于功名，沉浮于宦海的那些封建士人的一副"清醒剂"。

生与死。庄子把"周""蝶"彼此转化称为"物化"。"物化"是庄子生死观的一个基要概念。死后的生命寂灭和一片漆黑，没有人不感到困惑和恐惧。但在庄子看来，死生完全是一种相对幻灭的现象，自然大化，就是"方生方死，方死方生"的"物化"过程。看开了，也没有什么可怕的，不过是你从自然中来，又回到自然中去而已。人的初始，本无形体，由形体的形成，以至于复归于消解，这种形体的变化过程实在是不足悲的。也许，你死后化为蝴蝶，像物化后的庄子那样，翩翩起舞，快乐得忘了形，还丝毫不知道自己原是谁呢。

一个庄周梦蝶的小故事，对一个民族的文化心理产生了如此深刻的影响，如果世间的追求只不过是一场"黄粱美梦"，那么，世人蝇营狗苟，究竟又是为了什么呢？这其中的意蕴，是值得我们思考和玩味的。

养生主

# 庖丁解牛

庖丁为文惠君解牛①，手之所触，肩之所倚，足之所履，膝之所踦②，砉然响然③，奏刀騞然④，莫不中音，合于《桑林》之舞⑤，乃中《经首》之会⑥。

文惠君曰："嘻！善哉！技盖至此乎⑦？"

庖丁释刀对曰："臣之所好者，道也，进乎技矣⑧。始臣之解牛之时，所见无非牛者，三年之后，未尝见全牛也。方今之时，臣以神遇⑨，而不以目视，官知止而神欲行⑩，依乎天理⑪，批大郤⑫，导大窾⑬，因其固然，枝经肯綮之未尝⑭，而况大軱乎⑮！良庖岁更刀，割也；族庖月更刀⑯，折也⑰。今臣之刀十九年矣，所解数千牛矣，而刀刃若新发于硎⑱。彼节者有间⑲，而刀刃者无厚⑳；以无厚入有间，恢恢乎其于游刃必有余地矣㉑。是以十九年，而刀刃若新发于硎。虽然，每至于族㉒，吾见其难为，怵然为戒㉓，视为止㉔，行为迟；动刀甚微，谍然已解㉕，如土委地㉖。提刀而立，为之四顾，为之踌躇满志㉗，善刀而藏之㉘。"

文惠君曰："善哉！"

〔注释〕

①庖（páo）丁：厨师，名丁。　文惠君：即梁惠王，魏国国君。　解牛：宰割牛。解，解割，分卸。

②踦（yǐ）：一个膝盖用力顶住。

③砉（huā）然：象声词，形容皮与肉、骨与肉相分离的声音。

④奏：进。　騞（huō）然：象声词，形容进刀的声音。

⑤《桑林》：商汤时代的乐曲名。

⑥《经首》：尧时的乐曲名。　会：乐律、节奏。

⑦嘻：同"嘻"，赞叹的声音。　盖：通"盍"，何，怎么。

⑧进乎技：比技术进了一层，超越了技术。

⑨神遇：指心神和牛接触。遇，接触，感知。

⑩官知止：指感官知觉停止了功能作用。　神欲行：指精神心智发挥作用。

⑪天理:天然的生理结构。

⑫批:击,砍。 郤:同"隙",指筋骨连接处的缝隙。

⑬导:引向,顺着。 窾(kuǎn):空穴,指牛体骨节间的窍穴。

⑭枝:同"支",指支脉。 经:经络。 肯:坚附在骨上的肌肉。 綮(qìng):筋肉聚结的地方。 尝:试,指触碰。

⑮大軱(gū):大腿骨。

⑯族庖:一般的厨工。族,众。族庖与良庖是等级不同的厨工。

⑰折:指乱砍蛮砍。

⑱新发于硎(xíng):指刀刃像刚从磨刀石上磨出一般。硎,磨刀石。

⑲节:骨节。 间(jiàn):空隙。

⑳无厚:没有厚度,极言刀刃之薄。

㉑恢恢乎:宽绰的样子。 游刃:运转的刀。

㉒族:交错聚结。这里指筋骨交错聚结的地方。

㉓怵(chù)然:警惕的样子。

㉔视为止:指视力集中在某一点上。

㉕謋(huò)然:形容牛体分离开的声音。

㉖委地:散落地上。

㉗踌躇:悠然自得的样子。 满志:心满意足。

㉘善:通"缮",指把刀揩拭干净。


〔译文〕 〰〰〰〰〰〰〰〰〰〰〰〰〰〰〰〰〰〰〰〰〰〰

　　庖丁替梁惠王宰牛,他手所触,肩所倚,足所踩,膝盖所顶的地方,无不发出清晰的声音,牛刀一进,每个动作都跟一定的音调相和,合乎《桑林》之舞的旋律，合乎《经首》乐章的节奏。

梁惠王说："啊！妙极了！你的技艺怎么达到了这样高超的地步呢？"

庖丁放下刀，回答说："我所喜爱的是道，已经远远超过了技艺。当初我刚学宰牛的时候，眼中所见到的都是整头的牛；三年之后，在我心目中已没有完整的牛了。现在我宰牛，只用心神来领会，而不用眼睛来观看，感官停止了功能，精神心智活动在自如运行。顺着牛体骨肉的自然构造，把刀插进筋肉的间隙中，导向骨节间的一个个窍穴，全都是顺着其固有的结构来解剖，凡是筋络骨肉交错聚结之处，我的刀刃从未碰过，何况那些大骨头呢！技艺优良的厨师一年更换一把刀，因为他用刀只是割肉；一般的厨师一月就得更换一把刀，因为他们用刀不是砍便是剁。如今我的刀已经用了十九年了，用它宰过的牛也有数千头了，而刀刃还像刚从磨刀石上磨出来一样。那牛体的筋肉骨节间自有它的间隙，而我的刀锋却比它还要薄；用这样薄的刀锋切进骨节的空隙，真是宽宽绰绰，对于刀刃的运转回旋来说是有足够的活动余地啦。所以，这样用了十九年，而刀刃还像是刚从磨刀石上磨过一样。尽管如此，每当遇到筋腱骨节聚结交错的地方，我看到不易下刀，便格外小心，不敢大意，目光为之而专注，动作为之而缓慢。我微微运刀，牛的骨肉就分离开，像一堆泥土散落在地上了。我才提着刀站起来，为此而环顾四周，为此而悠闲自得、心满意足，把刀擦拭干净藏入鞘中。"

梁惠王说："真是太好了！"

〔解读〕

庄子"庖丁解牛"这则寓言，长期以来，被文学家和艺术家们广泛传诵引用，成为暗喻"由技（艺）入道"的经典。所以，庖丁解牛的过程，也就典范地表现出"艺"（技）与"道"深刻的内在联系："艺"赋予"道"以外在形象和实体，"道"给"艺"以深度和灵魂。不过，"由技（艺）入道"，或"技（艺）中见道"，乃是一种高超的艺术创作活动，需要极高的艺术修养和哲学睿智，并非人人都能体悟。

　　但是，对于一般的人来说，庖丁解牛的经验也是具有普遍性的意义的：无论从事何种工作，都有一个掌握规律、精益求精的问题；任何事物，哪怕是非常复杂的事物，都有内在规律可循。只要潜心探究，反复实践，善于总结，像庖丁解牛那样，"依乎天理""因其固然"，就能够在操作上游刃有余。庖丁虽积累了丰富的经验，具有了娴熟的技巧，然而"每至于族，吾见其难为"，便会高度警惕，格外小心，精神专注，精细入微，直到"謋然已解，如土委地"，完成解牛所有过程，才会轻松下来，从容地"为之四顾，为之踌躇满志"。这些感受和经验，对于任何希望在学习和工作上有所成就的人来说，都是非常有启发性的。

德充符

# 形骸内外

申徒嘉，兀者也①，而与子产同师于伯昏无人②。子产谓申徒嘉曰："我先出则子止③，子先出则我止。"其明日，又与合堂同席而坐。子产谓申徒嘉曰："我先出则子止，子先出则我止。今我将出，子可以止乎，其未邪？且子见执政而不违④，子齐执政乎⑤？"

申徒嘉曰："先生之门，固有执政焉如此哉⑥？子而悦子之执政而后人者也⑦？闻之曰：'鉴明则尘垢不止⑧，止则不明也。久与贤人处则无过。'今子之所取大者⑨，先生也，而犹出言若是，不亦过乎！"

子产曰："子既若是矣，犹与尧争善，计子

之德，不足以自反邪⑩？"

　　申徒嘉曰："自状其过⑪，以不当亡者众⑫，不状其过，以不当存者寡。知不可奈何，而安之若命，唯有德者能之。游于羿之彀中⑬，中央者，中地也⑭；然而不中者，命也。人以其全足笑吾不全足者多矣，我怫然而怒⑮；而适先生之所，则废然而反⑯。不知先生之洗我以善邪⑰？吾与夫子游十九年矣，而未尝知吾兀者也。今子与我游于形骸之内，而子索我于形骸之外，不亦过乎！"

　　子产蹴然改容更貌⑱，曰："子无乃称⑲。"

〔注释〕

①申徒嘉：复姓申徒，名嘉，郑国贤人。　兀：通"跀（yuè）"，断足的刑法。

②子产：郑国的国相，著名政治家。　伯昏无人：庄子寓托的人物。

③止：留下来。

④执政：执掌国政的人。　不违：不回避。违，回避。申徒嘉为一兀者，地位低下，而子产位尊，不愿与之同步，故有先出、留止一段话。

⑤齐：等同。

⑥焉：意同"而"。

⑦后人：以别人为后，即瞧不起别人。

⑧鉴：镜子。

⑨取大：求广见识，培养德性。

⑩自反：反省自己。

⑪状：陈述。

⑫亡：指亡足，受断足之刑。

⑬彀（gòu）中：张弓所能达到的射程之内。

⑭中（zhòng）地：最易射中之处。

⑮怫（fú）然：怒形于色的样子。

⑯废然：怒气尽消。 反：同"返"，指回到原有的正常神态。

⑰洗：意同熏陶、教化。

⑱蹴（cù）然：惭愧不安的样子。

⑲无：通"毋"，不要。 乃：如此，这样。 称：说。

〔译文〕～～～～～～～～～～～～～～～～～～～～～～～～～～～～

申徒嘉是个受过跀刑的人，他与郑国的子产同拜伯昏无人为师。子产对申徒嘉说："我先出去，你就等会儿再离开，你先出去，我就等会儿再离开。"到了第二天，他们又合堂同席坐在一起。子产对申徒嘉说："我先出去，你就等一会儿再离开，你先出去，我就等一会儿再离开。现在我要出去，你可以暂且留下来吗？还是不能呢？你见到我这执政大臣还不知回避，你把自己看成是可以和我平起平坐的执政大臣吗？"

申徒嘉说："老师的门下，有当上执政而像您这样的吗？您以您的执政地位而沾沾自喜，就可以瞧不起人吗？我听说过这样的话：'镜子明亮灰尘就不能停留，灰尘停留镜子就不明亮。长期和贤人相处就没有过失。'如今您追求广博精深的见识，正是我们的老师所倡导的大道，在老师的堂下还说这样的话，不也太过分了嘛！"

子产说："你已经落得这个样子了，还想跟尧比美德，估量估量你自己的德行，还不够做一番自我反省吗？"

申徒嘉说："若让自己来申辩自己的过失，多数人都会认为自己不应该受刑致残，不申辩自己的过错，认为自己该当受刑而不应全形，这样的人是很少的。知道事情无可奈何，而能泰然处之，好像命中注定一

样，只有有德的人才能做到这一步。人们好像游荡在后羿弯弓拉弦射程之内，中央的地方就是必被射中之处；但是也有不被射中的，那就是命运。人们因为自己有两只脚，便嘲笑我只有一只脚，这样的人我遇到的多了，过去我总是勃然大怒；但自从来到老师这里，便怒气全消，幡然省悟。你还不明白这是老师用美德来熏陶我的结果吗？我跟从老师已经十九年了，但他从来没有感到我是缺一只脚的人。如今您跟我一起在精神领域内求道，而您却从外在的形体方面来找我的不足，不也太过分了嘛！"

子产听后不由马上改变了脸色，惭愧地说："请您不要这样说下去了。"

〔解读〕

《庄子》的这则寓言故事，主旨在于强调人的内在价值，亦即强调精神与道德的价值远在于人的形骸之上。"游于形骸之内"与索人于"形骸之外"是两种不同的价值取向，二者体现了不同的精神品位和境界差异。形体残缺的人因为心智完善，道德充盈，而以一种精神魅力感召他人，这种情况在生活中并不少见。相反，我们也会看到，有的人虽有"全形"，甚至还有堂堂的仪表，但却精神猥琐，品位低下，被人们嘲之为"金玉其外，败絮其中"。我们求学问道，就是要提升内在的价值，重视精神上真善美的"全形"。

大宗师

# 相濡以沫

泉涸①，鱼相与处于陆，相呴以湿②，相濡以沫③，不如相忘于江湖。

〔注释〕

①涸（hé）：水干枯。

②呴（xǔ）：张口吹气，嘘气。

③濡（rú）：沾湿。 沫：唾沫。

〔译文〕

泉水干涸了，大群的鱼儿一起困在陆地上，互相呵气使对方湿润，互相吐出唾沫维持生命，与其如此，倒不如让它们在江河湖海里彼此相忘。

〔解读〕

　　庄子意在通过"鱼失水所以呴濡"的形象,说明"人丧道所以亲爱之"的道理(成玄英《庄子疏》),但是人与人之间患难与共的亲密感情,往往都是在苦难中"相濡以沫"而培养起来的。"相濡以沫"是令人感动的感情,"相忘于江湖"是一种超越的境界,"相忘"是对不忘的超越,所以,二者都是人在不同状态下产生的可贵的精神现象。

应帝王

# 浑沌之死

南海之帝为儵①，北海之帝为忽②，中央之帝为浑沌③。

儵与忽时相与遇于浑沌之地，浑沌待之甚善。儵与忽谋报浑沌之德，曰："人皆有七窍，以视听食息④，此独无有，尝试凿之⑤。"

日凿一窍，七日而浑沌死。

〔注释〕

①儵（shū）：虚拟的天神之名，含有来去匆匆的意味。

②忽：虚拟的天神之名，意思与"儵"相近。

③浑沌（hùn dùn）：虚拟的天神之名，暗含元始浑朴之意。

④息：呼吸。

⑤尝试：试试。

〔译文〕～～～～～～～～～～～～～～～～～～～～～～～～～～～～～～～～

南海的大帝名叫鯈，北海的大帝名叫忽，中央的大帝名叫浑沌。

鯈与忽常常一起到浑沌那里聚会，浑沌对他们非常友善。鯈与忽商量要报答浑沌的情谊，说："人体头部都有七个孔窍，用来观看、听闻、饮食和呼吸，唯独浑沌没有，我们来试试给他开凿七个孔窍吧。"

他们每天凿一个孔窍，凿到第七天，浑沌就死了。

〔解读〕～～～～～～～～～～～～～～～～～～～～～～～～～～～～～～～～

无面目的"浑沌"原是上古神话中的人物（《山海经·西山经》提到"浑敦无面目"），但到道家手里，却化神话为哲学，"浑沌"成了一个非常重要的基原性的哲学概念。

然而在庄子这里，他又给这个哲学概念灌注了生气，演绎成一个令人深思的故事。

庄子的"浑沌"形象透明，涵义深邃，它就是老子哲学"无""无名""自然""朴素"之类形上之道、抽象概念的"活化"，因为"活化"，它的意义指向也更明确了。

这里的"浑沌"指大自然的原生态和人类的原性态。

人类文化发展的基本轨迹，就是使自然和人类日益实现"序化"，也就是说，"浑沌"总要被雕凿出纹缕，"无"总要衍生出"有"，这是人类的进取标志，也是文化的发展标志。庄子看到了文化或文明发展中的矛盾，发现了"文明性的野蛮""神圣的丑恶"。"浑沌之死"就是一个生动的例证。

　　自然原生态是需要用文化之斧开凿的，但不能站在人类中心主义的立场上强凿。不可从人类自身的狭隘利益出发来看待自然界，而需要以更高的境界和更广阔的视野把人类和环境、社会发展和生态发展融合在一起。人类出现之后，就在不停地对"浑沌"开凿，这个"浑沌"就是人类栖身的地球，就是我们赖以生存的自然环境。人类于其中开凿出文明，开凿出现代化的一切，但是，人类中心主义和现代化极度扩张，反过来又导致了全球生态环境的严重恶化，直接威胁到居住在地球上的人类的生存。人类的这种行为如果得不到有效控制，那么，"浑沌"的悲剧就会成为人类的归宿。因此，我们应该以一种更契合事物自身规律的态度来对待世界，而不以人类的欲望为依归，刻意强求。

外篇

胠箧

# 为盗积守

将为胠箧、探囊、发匮之盗而为守备①，则必摄缄縢②，固扃鐍③，此世俗之所谓知也④。然而巨盗至，则负匮、揭箧、担囊而趋，唯恐缄縢、扃鐍之不固也。然则乡之所谓知者，不乃为大盗积者也？

故尝试论之，世俗之所谓知者，有不为大盗积者乎？所谓圣者，有不为大盗守者乎？何以知其然邪？昔者齐国邻邑相望，鸡犬之音相闻，罔罟之所布⑤，耒耨之所刺⑥，方二千余里。阖四竟之内⑦，所以立宗庙社稷⑧，治邑屋州闾乡曲者⑨，曷尝不法圣人哉⑩！然而田成子一旦杀齐君而盗其国⑪。所盗者岂独其国邪？并与其圣

知之法而盗之。故田成子有乎盗贼之名，而身处
尧、舜之安，小国不敢非⑫，大国不敢诛⑬，专
有齐国⑭。则是不乃窃齐国，并与其圣知之法以
守其盗贼之身乎？

〔注释〕

①胠（qū）：撬开。　箧（qiè）：箱子之类的盛物器具。　匮：同"柜"。

②摄：绑紧。　缄、縢（téng）：都是绳子。

③扃（jiōng）：插栓。　鐍（jué）：箱子上安锁的部件。

④知：通"智"。

⑤罔：即网。　罟（gǔ）：网的总称。

⑥耒（lěi）：犁。　耨（nòu）：古代锄草的农具。　刺：插入。

⑦阖（hé）：全部。　竟：通"境"。

⑧宗庙：同宗之庙，祭祀祖先的地方。　社稷：祭祀土神和谷神的地方。

⑨邑、屋、州、闾、乡：古代各级行政区划名称。　曲：偏僻的小地方。

⑩曷：同"何"。

⑪田成子：即田常，本为陈国人，故又称陈恒，其先祖田完从陈国来到齐国，成了齐国的大夫，改为田氏。田常于鲁哀公十四年杀了齐简公，齐国大权落入田氏之手，后来田常的曾孙又废齐自立，仍称"齐"。

⑫非：非议，责难。

⑬诛：讨伐。

⑭专有齐国：今本作"十二世有齐国"，疑误，今依据严灵峰之说改为"专有齐国"。

〔译文〕～～～～～～～～～～～～～～～～～～～～～

为对付撬箱子、掏袋子、开柜子的小偷而做防范准备，便一定要把绳子捆得紧紧的，把插栓、锁钥加固得牢牢的，这就是世俗所认为的聪明做法。然而大盗来了，背起柜子、扛起箱子、挑起袋子就跑了，他们唯恐捆得不紧，插栓、锁钥加固得不牢哩。如此看来，那先前所讲的聪明的做法，不正是替大盗做准备吗？

所以不妨就这个问题再深入论证如下，世俗所认为的聪明行径，有哪些不是在替大盗做准备呢？所说的圣人，又有哪一个不是在替大盗充当看守呢？根据什么知道是这样呢？从前齐国村邑毗邻，彼此相望，鸡鸣犬吠的声音相互都可以听到，渔猎的网罟所布设的范围，犁锄农具所耕作的土地，方圆二千多里。整个国境以内，所设立的宗庙、社稷，建置的大大小小的行政区划，何尝不是在效法圣人呢！然而田成子一下子就杀掉了齐王而窃取了齐国，他所窃取的难道仅仅是那个国家吗？他是连同那些所谓圣明智慧的礼法都窃取去了。所以田成子虽然有了盗贼的名号，却仍然身处尧、舜一样的安稳地位，小国不敢非议，大国不敢讨伐，擅据齐国。这岂不是把齐国连同那些圣明智慧的礼法全都窃取了，从而来掩饰维护他这盗贼的身份吗？

〔解读〕

　　这是庄子揭露当时统治者夺取国家政权，随之也利用既成礼法维护其统治的合法性的一段论述。历代封建统治者，基本都是走的这条路，所以庄子在这段论述后所提出的"彼窃钩者诛，而窃国者为诸侯，诸侯之门，而仁义存焉"的论断，就直指封建社会上层建筑的本质，成为刺向"神圣的丑恶""习惯性的伪善"的锋芒利剑，因之也成为中国古代揭露封建王权本质最深刻、最具批判性的言辞。庄子的这类言辞可以说是封建王权时代文化环境中逆向思维的典型、突围精神的代表了。所谓的"仁义"，有时不过是一种粉饰的手段，有时甚至起到了助纣为虐的效果。庄子批判了这种虚伪的仁义，而后来的韩非子更直接地将仁义弃如敝屣。

天道

# 斫轮之悟


桓公读书于堂上①，轮扁斫轮于堂下②，释椎凿而上③，问桓公曰："敢问，公之所读者何言邪？"

公曰："圣人之言也"。

曰："圣人在乎？"

公曰："已死矣"。

曰："然则君之所读者，古人之糟魄已夫④！"

桓公曰："寡人读书，轮人安得议乎！有说则可，无说则死。"

轮扁曰："臣也以臣之事观之。斫轮，徐则甘而不固⑤，疾则苦而不入⑥。不徐不疾，得之于手而应之于心，口不能言，有数存焉于其间⑦。

臣不能以喻臣之子⑧，臣之子亦不能受之于臣，是以行年七十而老斫轮。古之人与其不可传也死矣，然则君之所读者，古人之糟魄已夫！"

〔注释〕

①桓公：指齐桓公。

②轮扁：制造车轮的人，名扁。 斫（zhuó）轮：砍削木头做车轮。

③释：放下。 椎（chuí）：锤子。 上：指到堂上。

④糟魄：糟粕。魄，同"粕"。

⑤徐：宽缓。 甘：松滑。此句是说砍斫车轮，孔眼宽缓便容易接插，但却松滑。

⑥疾：紧迫。 苦：涩滞。此句是说孔眼紧便涩滞难插。

⑦数（shù）：指技术、技巧。

⑧喻：讲明白。

〔译文〕

齐桓公坐在殿堂上读书。一个名叫扁的制轮匠在殿堂下斫木造车轮，他放下锤子凿子走上殿堂来，问齐桓公说："冒昧问一下国君，您读的都是些什么？"

齐桓公答道："是圣人之言。"

轮扁问："圣人还在吗？"

回答说："已经死了。"

轮扁说:"既然如此,那么您所读的,就是古人的糟粕了!"

齐桓公说:"我在这里读书,你一个做车轮的匠人怎么可以随便议论! 说得出道理来则罢,说不出道理就要处死你!"

轮扁回答:"我是根据我所从事的工作来看待这件事的。砍削车轮,孔眼宽松便容易接插,但却因松滑而不牢固;孔眼紧便涩滞难插。不宽松也不紧迫,功夫表现在手上,分寸掌握于内心,这些道理我嘴里说不出来,但其中却大有奥妙存在。我没法把这些经验和体会用语言直接传授给我的儿子,我的儿子也不能靠我的口传直接学到,因此到了七十岁我还在独自斫轮。古人没法用语言说出来的道理已经随着古人死去了,那么您所读的书,也只是古人的糟粕罢了!"

〔解读〕

书本上的知识是重要的,但是把一切书本知识都神化、圣化、绝对化,你就会成为一个唯书是从的人。古往今来,不少思想家在如何看待书本知识的问题上,都表达过一些深刻的思想。孟子说"尽信书,不如无书",庄子嘲笑齐桓公在读古人的糟粕,其用意都是反对死读书。

值得特别提出的是,庄子还阐释了之所以不可"唯书"的原因,这就是:"世之所贵道者,书也,书不过语,语有贵也。语之所贵者,意也,意有所随。意之所随者,不可以言传也,而世因贵言传书。世虽贵之哉,犹不足贵也,为其贵非其贵也。"这里告诉我们:书不过是一些语言符号,语言符号虽有它的重要之处,但更值得看重的是这些符号表达的意义和揭示的真理。在语言符号和意义、真理之间,后者才是贵中之贵,价值所在。

天运

# 丑女效颦

西施病心而颦其里<sup>①</sup>，其里之丑人见而美之，归亦捧心而颦其里。其里之富人见之，坚闭门而不出；贫人见之，挈妻子而去走<sup>②</sup>。彼知颦美，而不知颦之所以美。

〔注释〕

①病心：心口疼痛。 颦：同"颦（pín）"，皱眉头。以下同此解。 里：邻里。成语"东施效颦"出于此。

②挈（qiè）：携带。 妻子：妻子儿女。 去：逃离。 走：跑。

〔译文〕

西施因为心口痛在乡邻间总是皱着眉头，乡邻中的一位丑女人见到后觉得这样子很美，回去后也在乡邻间故意捂着心口皱起眉头让人瞧。村里的富人看见她这个样子,都紧紧地关起大门不出来,穷人见了她这个样子,携妻牵子远远地跑开了。这丑女人只知西施皱眉的样子很美,却根本不了解西施皱眉为什么美。

〔解读〕

西施本是天生丽质,即使病心浅颦,也仍然美丽动人;村女本来长得很丑,无病又故作蹙额,更使丑相变成怪相,这就难怪乡邻避之唯恐不及了。

在向他人学习的问题上,没有理解,不加分析地模仿,不但学不到好的东西,甚至可能出现可笑而可悲的结果。

缮性

# 名利如寄

　　古之所谓得志者，非轩冕之谓也[①]，谓其无以益其乐而已矣。今之所谓得志者，轩冕之谓也。轩冕在身，非性命也，物之傥来[②]，寄者也。寄之，其来不可圉[③]，其去不可止。故不为轩冕肆志[④]，不为穷约趋俗，其乐彼与此同，故无忧而已矣。今寄去则不乐，由是观之，虽乐，未尝不荒也[⑤]。故曰，丧己于物，失性于俗者，谓之倒置之民[⑥]。

〔注释〕

①轩冕：轩车冕服，意指官位显达。

②傥（tǎng）：偶然。

③圉（yǔ）：阻止。

④肆志：恣意放纵。

⑤荒：迷乱。

⑥倒置之民：颠倒了本末的人。

〔译文〕

古人所说的得志，不是就官位显达而言，而是说自身的快乐无以复加。如今所说的得志，就是说官位显达。高官显爵加在身上，不属于本性真情的东西，只是身外之物偶然来到，是一种暂时的寄托罢了。既然是寄托，它的来到挡不住，它的离去不能阻止。所以不要因为获得高官显爵而骄纵放肆，也不要因为身陷困境而趋附世俗，其间的快乐彼此都一样，所以不因得失而烦恼。如今寄托的东西失去便不快乐，由此看来，即便真有快乐，未尝不是本性的迷乱。所以说，因为外物而丧失自我，因为世俗而丧失本性的人，不妨把他叫作倒置本末的人。

〔解读〕

名誉、地位、财富，是人们的"外物"，如果太热衷于这些"外物"，人就不可避免地"物化""异化"，失掉人性中最值得珍惜的东西。我们可以追求"外物"，但任何情况下都不要丧失自我。一个被"物化"的人，无异于一个丧失了自我的"物"。快乐和幸福都需要一定的物质或社会资源条件，但异化成一个丧失自我的"物"，又如何能感受和体验快乐与幸福呢？

秋水

# 望洋兴叹

　　秋水时至，百川灌河。泾流之大①，两涘渚崖之间②，不辨牛马。于是焉河伯欣然自喜③，以天下之美为尽在己。顺流而东行，至于北海，东面而视，不见水端。于是焉河伯始旋其面目④，望洋向若而叹曰⑤："野语有之曰'闻道百⑥，以为莫己若'者，我之谓也。且夫我尝闻少仲尼之闻而轻伯夷之义者，始吾弗信；今我睹子之难穷也，吾非至于子之门则殆矣，吾长见笑于大方之家⑦。"

　　北海若曰："井蛙不可以语于海者，拘于虚也⑧；夏虫不可以语于冰者，笃于时也⑨；曲士不可以语于道者⑩，束于教也。今尔出于崖涘，观于大海，乃知尔丑，尔将可与语大理矣⑪。天下之水，莫大于海；万川归之，不知何时止而不盈，尾闾泄之⑫，不知何时已而不虚；春秋不变，水旱不知。此其过江河之流，不可为量数。而吾未尝以此自多者，自以比形于天地⑬，而受气于阴阳，吾在于天地之间，犹小石小木之在大山也。方存乎见少，又奚以自多！计四海之在天地之间也，不似礨空之在大泽乎⑭？计中国之在海内⑮，不似稊米之在大仓乎⑯？号物之数谓之万，人处一焉⑰。人卒九州⑱，谷食之所生，舟车之所通，人处一焉。此其比万物也，不似豪末之在于马体乎⑲？五帝之所连⑳，三王之所争，仁人之所忧，任士之所劳㉑，尽此矣！伯夷辞之以为名，仲尼语之以为博，此其自多也，不似尔向之自多于水乎㉒？"

〔注释〕

①泾（jīng）流：水流的主干。

②两涘(sì)：两岸。　渚(zhǔ)崖：水洲边。

③河伯：古代神话传说中的黄河之神。

④始旋其面目：指转变得意的面容。

⑤望洋：仰视远方的样子。　若：海神，即下文之"北海若"。

⑥闻道百：听到了很多道理。

⑦大方：大道。

⑧虚：同"墟"，指处所。

⑨笃于时：拘限于时。

⑩曲士：见识偏曲之人。

⑪大理：大道。

⑫尾闾(lú)：传说中泄海水的地方。

⑬比形：寄形。比，通"庇"，寄寓，寄化。

⑭礨(lěi)空：小孔，指蚁穴。

⑮中国：指中国古代九州。　海内：四海之内，四海之外还有更广阔地域。

⑯稊(tí)米：稊的果实，与谷子相似。稊，形似稗的草。　大仓：储粮的大库。大，同"太"。

⑰人处一焉：这里指与万物相对的人类整体，下文"人处一焉"，则指人类中的个体。

⑱卒：通"萃"，聚集。

⑲豪：通"毫"。

⑳连：接续，这里指禅让君位。

㉑任士：有才能的人。

㉒向：方才。

〔译文〕～～～～～～～～～～～～～～～～～～～～～～～～～～～～

　　秋汛应时到来，百川之水都汇流到黄河。主流河道变得极为宽阔，两岸及河中水洲之间，连牛马的形状都分辨不清了。这景象令河伯扬扬自得，以为普天下的盛美都集中在这里。他顺着河流向东而去，抵于北海，向东方纵目瞭望，竟看不见大海的边际。这时河伯方收敛起扬扬自得的笑容，仰望海神而感叹说："俗话说'听了许许多多道理，便以为天下的人再没有谁能同自己相比'，这话说的正是我啊。而且我还曾听说有人小瞧孔子的见识，轻视伯夷的义行，起初我不相信；如今我看见您这样浩森无涯，博大深邃，倘若我不是来到您的门口，可就太危险了，我就要永远被晓悟大道的人所取笑了。"

　　北海之神说："井底的蛤蟆之所以不能对它谈论大海，因为它拘囿于自己狭小的天地里；夏季的虫子之所以不能跟它谈论冰雪，因为它受到生存时间的限制；孤陋寡闻的书生之所以不能跟他谈论大道，因为他所受的片面教育桎梏了他的思维。现在你从河岸下走了出来，看到了浩森无涯的大海，才认识到自己的渺小鄙陋，这才可以跟你谈论大道了。天下的水，没有比海更大的，千万条河川都流归这里，不知什么时候才停歇，可大海却不盈满，海水从尾闾排漏出去，不知道什么时候停歇，而大海从未虚竭。无论春季还是秋季，它的水量始终没有变化；不管洪涝还是大旱，对它都没有影响。它的容量远远超过江河的流量，已经不能用数量来计算。但我从未因此而自傲，我自认为从天地运化中具有了形体，从阴阳交感中秉受了生气，自己在天地之间的位置，就如同小石头、小树木在大山上一样。我总是思量自己见识太小，又怎么敢自满自夸呢！计算一下四海存在于天地之间，不就像蚁穴在大泽里一样吗? 计算一下九州存在于四海之内, 不就像小米粒在太仓里一样吗? 物类名称的数目有万类之多, 而人类只是其中的一类; 人群聚居于九州, 庄稼谷粮生长之地, 舟船车马通达之处, 个人又只是人类中的一份子罢了。将个人和万物比起来, 不就像一根毫毛长在马的身上一样吗? 五帝所禅让的, 三王所争夺的, 仁人所忧虑的, 贤士所操劳的, 全都是这毫毛般的东西罢了!(对这种东西)伯夷辞让它以获取名声, 孔丘谈论它以显示渊博, 这都是他们自满自夸, 不正像你刚才因河水涨溢而自以为无人可比一样吗? "

〔解读〕

　　庄子的文章汪洋恣肆，被誉为如"海波连天，浪花无际"（刘凤苞《南华雪心编》），他的思想和哲学也具有一种涵江负海之气，《秋水》中河海气象的描写以及河伯与海神的对话，充分显示了庄子哲学博大、深邃的视野和境界。

　　秋汛时，百川汇流到黄河，出现了河宽水阔，"两涘渚崖之间，不辨牛马"的情景，这情景让河伯"欣然自喜"，以为普天下的盛美都集中在这里。但是，当它扬扬自得，顺流而行，进入海域时，却因"东面而视，不见水端"不由望洋兴叹，在与海的对比中发现了自己的封闭和局限。由此，引起了海神若与河伯的长篇哲学对话，把读者的视野和思考引入一个时空无穷、认知无涯的世界，揭示出一切"自美""自多"的表现是多么愚昧和可笑。

　　庄子巧譬妙喻，善于将纷然杂陈的自然现象和社会现象联系起来观察和思考，特别是《秋水》中把海的气象与有关时空无穷性、万物流变性的哲学思考联系起来时，庄子的深邃思想和超越精神就找到了一种形象而生动的表达方式。

　　大海意象和人类精神的超越追求有某种相似性。黑格尔在《历史哲学》中曾精彩地讲到大海和人类精神的联系：

　　大海给了我们茫茫无定、浩浩无际和渺渺无限的观念：人类在大海的无限里感到他自己的有限的时候，他们就被激起了勇气，要去超越那有限的一切。

# 井底之蛙

坎井之蛙谓东海之鳖曰①："吾乐与②！出跳梁乎井干之上③，入休乎缺甃之崖④；赴水则接腋持颐⑤，蹶泥则没足灭跗⑥。还虷蟹与科斗⑦，莫吾能若也；且夫擅一壑之水⑧，而跨跱坎井之乐⑨，此亦至矣。夫子奚不时来入观乎？"

东海之鳖左足未入，而右膝已絷矣⑩。于是逡巡而却⑪，告之海曰："夫千里之远，不足以举其大；千仞之高，不足以极其深。禹之时，十年九潦而水弗为加益⑫；汤之时，八年七旱而崖不为加损⑬。夫不为顷久推移，不以多少进退者，此亦东海之大乐也！"

于是坎井之蛙闻之，适适然惊⑭，规规然自失也⑮。

[注释]

①坎井：浅井。

②与：语气词。在此相当于现代汉语的"啊"。

③跳梁：跳跃。 井干：井栏。

④缺甃（zhòu）：残破的井壁。甃，井壁。

⑤接腋持颐：青蛙入水时，水充两腋，面部则浮在水上。腋，夹肢窝。颐，面颊。

⑥蹶（jué）：踏，踩。 跗（fū）：脚背。

⑦还：环视。 虷（hán）：井中的小虫，俗称孑孓（jié jué），蚊子的幼虫。

⑧擅：独占。

⑨跨跱（zhì）：叉开腿立着。

⑩縶（zhí）：绊住。

⑪逡（qūn）巡：欲进不进，迟疑不决的样子。

⑫潦：同"涝"。

⑬崖：边际。

⑭适适然：惊讶恐惧的样子。适适，同"惕惕"。

⑮规规然：不知所措的样子。

[译文]

住在浅井里的青蛙对东海的大鳖说："我真快活啊！出来活动，就可以在井栏之上蹦蹦跳跳；进去休息，就回到井壁的破砖之间。入水而游，水架着我的两腋，托着我的下巴；踏入泥中，深泥只能淹没我的脚背。环视那些孑孓、螃蟹和蝌蚪，有谁比得上我呢；况且我独占这一坑子水，又开腿站在浅井里所感受到的乐趣，也可以算是达到极点了。先生您为什么不经常到我这里看看呢？"

东海大鳖的左脚还没踏进浅井，右腿的膝盖就被绊住了。于是犹豫了一阵只好退出来，把大海的情况告诉它说："千里的遥远，不足以表述它的广大；千丈的峻高，不能穷究它的幽深。夏禹时候，十年九涝而海水不增多；商汤时候，八年七旱而海水不减少。不因时间的长短而改变，也不因雨量的多少而增减，这就是住在东海的最大快乐！"

浅井里的小青蛙听了这一番话，惶惶不安，手足无措，茫茫然像失了魂一样。

〔解读〕

坎井之蛙与东海之鳖各有不同的天地，但坎井之蛙居然向东海之鳖炫耀自己狭小的天地，真是可笑之至！坎井之蛙古代有，现代也有。一切小有所成便沾沾自喜、自鸣得意的人，都可能在思维与认识上走进"坎井"，成为见笑于东海之鳖的井蛙。

# 邯郸学步

寿陵余子学行于邯郸①，未得国能②，又失其故行矣③，直匍匐而归④。

〔注释〕

①寿陵：燕国地名。 余子：少年。 邯郸：赵国都城，今河北邯郸。

②国能：指赵国都城人行路的步态。

③故行：指寿陵人原来走路的步法。

④直：只。 匍匐：四肢着地爬行。

〔译文〕

寿陵这个地方有个少年，特意到赵国大都市邯郸来学走路的步态，没有把邯郸人优美的步态学会，却把自己原来走路的步法忘掉了，只好爬着回去。

〔解读〕

　　向别人学习或向外国学习，都要结合自己的情况，有取有舍，而不是生搬硬套，盲目模仿。把学习别人的优长变成了盲目模仿，这种事例不仅古代有，现代也有。更可悲的是在盲目模仿中，往往伴有病态的自卑。我国在向西方学习科学技术、现代管理的过程中，也出现了一些崇洋媚外、病态自卑的"匍匐而归"者。要避免"邯郸学步"笑话的发生，需要我们在强势文化面前，保持清醒的头脑、分析的精神和科学的态度。

# 鹓雏之志

惠子相梁<sup>①</sup>，庄子往见之。

或谓惠子曰："庄子来，欲代子相。"

于是惠子恐，搜于国中三日三夜<sup>②</sup>。

庄子往见之，曰："南方有鸟，其名鹓雏<sup>③</sup>，子知之乎？夫鹓雏，发于南海而飞于北海，非梧桐不止，非练实不食<sup>④</sup>，非醴泉不饮<sup>⑤</sup>。于是鸱得腐鼠<sup>⑥</sup>，鹓雏过之，仰而视之，曰：'吓！'今子欲以子之梁国而吓我邪？"

〔注释〕

①惠子：即惠施，战国时期宋国人，名家学派代表人物，与庄子同时。 相梁：为梁惠王相。梁，即魏。

②国中：城中。

③鹓（yuān）雏：传说中与鸾凤同类的鸟。

④练实：竹子的果实。

⑤醴（lǐ）泉：如甜酒般的泉水。醴，一种甜酒。

⑥鸱（chī）：即"鸱鸮（xiāo）"，猫头鹰。

〔译文〕

惠施在梁国做相，庄子前去看望他。

有人对惠施说："庄子来，目的是要取代你做相。"

为此惠施很紧张，就在城内搜查起来，搜查了三天三夜。

庄子听说后就跑去见惠施，说："南方有一种鸟，名字叫鹓雏，你知道吗？鹓雏这种鸟，由南海飞往北海，沿途除了梧桐树决不栖息，若非竹实一概不吃，不遇甘泉一概不饮。正在这时，鸱鸮捡到了一只腐臭的老鼠，见鹓雏从它头上飞过，便仰起头来大叫一声：'吓！'现在，你是想拿你的梁国来吓我吗？"

〔解读〕

人各有志，不可相轻相妒，惠施有惠施的理想，庄子有庄子的情操。但如果以自己热衷名利之心，猜度他人鹓雏之志，甚至百般设防，唯恐被贤者取代，那就会变得人格猥琐，心胸狭窄，犹如以腐鼠为美味的鸱鸮了。

# 濠梁观鱼

庄子与惠子游于濠梁之上①。

庄子曰:"鲦鱼出游从容②,是鱼之乐也!"

惠子曰:"子非鱼,安知鱼之乐?"

庄子曰:"子非我,安知我不知鱼之乐?"

惠子曰:"我非子,固不知子矣;子固非鱼也,子之不知鱼之乐,全矣③。"

庄子曰:"请循其本④。子曰'汝安知鱼乐'云者,既已知吾知之而问我。我知之濠上也。"

〔注释〕

①濠梁:濠,水名。梁,桥。

②鲦(tiáo)鱼:白鱼。

③全矣:犹言"百分之百"。

④循:追溯。 本:初始,指开头惠子所讲的那句话。

〔译文〕

庄子与惠子一道在濠水的桥上游玩。

庄子说："白鲦鱼悠哉悠哉地游来游去，这就是鱼的快乐啊！"

惠子说："你不是鱼，怎么知道鱼的快乐？"

庄子说："你不是我，又怎么知道我不知道鱼的快乐？"

惠子说："我不是你，当然不知道你；你也不是鱼，所以你不会知道鱼的快乐，这是完全可以断定的。"

庄子说："请把话题从头说起吧。当初你说'你怎么知道鱼的快乐'这句话，就是已经知道了我知道鱼快乐才来问我的。我来告诉你：我是在濠水的桥上知道鱼的快乐的啊。"

〔解读〕

庄子与惠子的"濠梁之辩"是一个纠缠着认知与审美关系的故事。在是否知道"鱼之乐"的问题上，庄子是"可知论"，惠子是"不知论"。表面上，惠子"不知论"层层推论，逻辑严密，而庄子的"可知论"则有偷换概念和诡辩的成分在内。但是，这些都不是"濠梁之辩"的真意所在。是否知道"鱼之乐"的问题，在庄子看来，实际上是一个人与自然、人与物是否能够彼此交融的问题。庄子以一种审美的心灵通道，融通于自然万物，在观赏中感知了"鱼之乐"，而惠子的"不知论"则否定天人、物我之间的融通，他是从纯认知的角度来看待一个本属于审美的问题。"濠梁之辩""鱼之乐"的命题，充分显示出庄子哲学乃是一种综合着生命体验、感悟思维和审美魅力的"天人合一"哲学。

至乐

# 髑髅之乐

庄子之楚，见空髑髅①，髐然有形②，撽以马捶③，因而问之，曰："夫子贪生失理，而为此乎？将子有亡国之事④，斧钺之诛⑤，而为此乎？将子有不善之行，愧遗父母妻子之丑⑥，而为此乎？将子有冻馁之患⑦，而为此乎？将子之春秋⑧，故及此乎？"

于是语卒，援髑髅枕而卧。夜半，髑髅见梦曰⑨："子之谈者似辩士。视子所言，皆生人之累也⑩，死则无此矣。子欲闻死之说乎？"

庄子曰："然。"

髑髅曰："死，无君于上，无臣于下，亦无四时之事，从然以天地为春秋⑪，虽南面王乐⑫，不能过也。"

庄子不信，曰："吾使司命复生子形⑬，为子骨肉肌肤，反子父母妻子、闾里、知识⑭，子欲之乎？"

髑髅深矉蹙頞⑮，曰："吾安能弃南面王乐，而复为人间之劳乎？"

〔注释〕

①髑髅（dú lóu）：即骷髅，死人的头骨。

②髐（xiāo）然：空洞干枯的样子。 有形：指具有头颅的形状。

③撽（qiào）：敲击。 马捶（chuí）：马鞭。

④将：犹"抑"，还是。

⑤钺（yuè）：古代兵器，大斧，青铜制。

⑥遗：留给。

⑦馁（něi）：饥饿。

⑧春秋：指年纪。

⑨见梦：即"现梦"。

⑩累：负担。

⑪从（zòng）然：自由放纵的样子。

⑫南面王：古代帝王的座位面向正南，所以称居王位为"南面"。

⑬司命：古人心中掌管人们寿夭的神。

⑭知识：指朋友，相知相识的人。

⑮深矉蹙頞（è）：深深地皱紧眉头蹙着额头。矉，同"颦"，皱眉头。頞，额头。

〔译文〕

庄子到楚国去，看见一颗骷髅头，枯骨突露呈现出原形，庄子用马鞭敲了敲，于是问骷髅头说："先生是由于贪财悖理，而落到这般境地的呢，还是由于国亡家破，遭到刀杀斧砍而落到这般境地的呢？或是由于有了不善的行为，深怕给亲人留下耻辱，羞愧之下，而如此的吧？您是受冻挨饿而落得如此，还是您的年寿到了，而自然如此的呢？"

说完了，就把骷髅头搬来枕在头下睡了。半夜里，骷髅头给庄子托梦说："白天您谈起那一套真像个能言善辩的人。看您说的那些事情，全是活人所遭受的牵累，死后就没有这些了。您愿意听我谈谈死后的情况吗？"

庄子说："好吧！"

骷髅头说："死了，上面没有君王，下面没有臣仆，也没有一年四季劳苦忧患，悠然自得，与天地共长久，即使南面称王的快乐，也无以超过。"

庄子不相信，说："我叫司命之神再归还您的形体，让您重新长上筋骨皮肉，把您的父母妻儿、邻里朋友等都送还给您，这样您愿意吗？"

骷髅头紧皱眉头，哭丧着脸说："我怎肯放弃这君王般的快乐，而再去忍受人间的痛苦呢？"

〔解读〕

　　庄子设计出自己和骷髅的一番关于生死问题的讨论，这和孔子以"未知生，焉知死"（《论语·先进》）的态度回避生死问题的做法，不仅表现出文化思想上的重大差异，而且形成了哀乐态度上的强烈对比。

　　不过，不要以为骷髅的那番关于死后摆脱"生人之累"的议论就是在宣传恶生乐死的哲学，简单地把它看作一种悲观厌世的思想。深一层地看，那种"亡国之事""斧钺之诛""冻馁之患"岂不正是反映了战国时代人民普遍遭逢的灾难？而制造这种灾难的，岂不正是那些奢求无厌、不恤民生疾苦的统治者？

　　庄子用一种诙谐的态度和荒诞的手法讨论生死这个沉重的话题，不禁令我们思索，到底该以何种态度去对待生命。不为死亡感到恐惧，不是所有人都能做到，但我们可以做到的是尽量充实自己的生命。"人生如逆旅，我亦是行人"，当我们回首此生时，不会因为有太多的悔恨而遗憾，那时，也许便真的能够理解人生的意义了。

# 鲁侯养鸟

昔者海鸟止于鲁郊①，鲁侯御而觞之于庙②，奏《九韶》以为乐③，具太牢以为膳④。鸟乃眩视忧悲⑤，不敢食一脔⑥，不敢饮一杯，三日而死。

此以己养养鸟也，非以鸟养养鸟也。

〔注释〕

①鲁郊：指鲁国国都曲阜的城郊。

②御（yà）：迎迓。 觞：宴饮。 庙：指鲁国宗庙。

③《九韶》：相传为舜时的乐曲名。

④太牢：祭祀时用牛羊猪三牲。

⑤眩视：指头晕眼花。

⑥脔（luán）：切成块的肉。一脔，一块肉。

〔译文〕

从前有一只海鸟停落在鲁国都城的郊外，鲁国国君把它迎进太庙

里，大摆酒宴，为它奏《九韶》之乐，备上牛、羊、猪三牲供它享用。海鸟却目眩心悲，不敢吃一块肉，不敢饮一杯酒，三天就死了。

　　鲁国国君的这种做法，是用供养自己的方式来供养鸟，不是用供养鸟的方式来供养鸟啊！

〔解读〕

　　一切事物都有自己的特性，在庄子看来，事物的特性也就是自身之性，自然之性。无视物性，违背自然之性，把人的愿望意志强加于他物，就会扼杀物的生命。鲁侯以养己之道对待海鸟，全然不顾鸟的自然习性，结果夺去了它的生命。庄子通过这个故事，宣扬了道家哲学依循自然、尊重物性的精神。

达生

# 痀偻承蜩

仲尼适楚，出于林中，见痀偻者承蜩①，犹掇之也②。

仲尼曰："子巧乎！有道邪？"

曰："我有道也。五六月累丸二而不坠③，则失者锱铢④；累三而不坠，则失者十一；累五而不坠，犹掇之也。吾处身也，若橛株拘⑤；吾执臂也⑥，若槁木之枝。虽天地之大，万物之多，而唯蜩翼之知。吾不反不侧⑦，不以万物易蜩之翼，何为而不得？"

孔子顾谓弟子曰："用志不分，乃凝于神，其痀偻丈人之谓乎⑧！"

〔注释〕

①痀偻（jū lǚ）：驼背。　承蜩：以竿粘取蝉。承，承接。

②掇（duō）：拾取。

③累：堆叠。　丸：小弹丸。

④锱铢（zī zhū）：表示极少数。古代六铢等于一锱，四锱等于一两。

⑤橛（jué）株枸（jū）：竖着的木桩，形容身心凝定不动。橛，短木桩。株枸，也作"株拘"，指靠近树根盘根错节的地方。

⑥执臂：指粘蝉时，手臂不颤动。执，拿定。

⑦不反不侧：毫不变动。反、侧，均指活动。

⑧丈人：对老年男子的尊称。

〔译文〕

　　孔子到楚国去，从一片树林中经过，看见一位驼背老人正拿着一根竹竿在粘蝉，就好像从地上拾取东西一样容易。

　　孔子说道："您真灵巧啊！有什么诀窍吗？"

　　驼背老人回答说："我当然有门道。经过五六个月的训练，能在竹竿顶端累叠两个弹丸而不掉下来，那么粘捕蝉就很少失手；若能累叠上三个弹丸而不掉下来，那么失手的情况最多不过十分之一；若能累叠上五个也不掉下来，那我从树上粘捕蝉就像在地上拾取东西一样了。我的身躯站得这样稳定，就像竖着的木桩一动不动；我的手臂拿得这样平稳，就像干枯的树枝一样纹丝不动。天地虽大，万物虽多，我心目中只知有蝉翼。我从不左顾右盼，纷繁的万物也干扰不了我对蝉翅膀的注意力，怎么会捕捉不到呢？"

孔子听了，回过头来对他的学生们说："用心专一，便会凝神聚精，说的不就是这位驼背老人嘛！"

〔解读〕

专心致志，循序渐进，持之以恒，就会获得高超的技巧。"用志不分，乃凝于神"不只是痀偻老人的捕蝉经验，而且是古往今来一切能够获取高超技巧者的普遍经验。但是，若真正做到"用志不分"，不仅需要时时排除外在的各种干扰，更要有内心的长期的执着和专注。所以，当技巧达到出神入化的境地时，必有一个内在境界的支撑。

# 外重内拙

　　颜渊问仲尼曰①："吾尝济乎觞深之渊②，津人操舟若神③。吾问焉，曰：'操舟可学邪？'曰：'可。善游者数能④。若乃夫没人⑤，则未尝见舟而便操之也⑥。'吾问焉而不吾告，敢问何谓也？"

　　仲尼曰："善游者数能，忘水也⑦。若乃夫没人之未尝见舟而便操之也，彼视渊若陵⑧，视舟之覆犹其车却也。覆却万方陈乎前而不得入其舍⑨，恶往而不暇⑩？以瓦注者巧⑪，以钩注者惮⑫，以黄金注者殙⑬。其巧一也，而有所矜⑭，则重外也。凡外重者内拙⑮。"

〔注释〕

　　①颜渊：孔子的弟子。

　　②济：渡水。

　　③操舟：驾船。

④数能：很快就会。数，通"速"，很快。

⑤没人：能潜水的人。

⑥便：轻巧。

⑦忘水：不把水放在心上的意思。指熟悉水性，对水已不恐惧。

⑧陵：山陵。

⑨舍：指心。

⑩恶：何，疑问词。

⑪注：赌注。

⑫钩：指衣带上铜钩一类的用品。 惮（dàn）：怕。

⑬殙（hūn）：同"昏"，心里迷乱。

⑭矜（jīn）：顾惜。

⑮内拙：指内心有所顾忌，所以就笨拙了。

〔译文〕

颜渊问孔子说："有一次我从觞深那个渡口经过，那摆渡的人驾船的技巧妙极了。我问道：'驾船可以学会吗？'他回答说：'可以。会游泳的人很快就可以学会。至于那些会潜水的人，即使从未见过船，一旦见到，便能够轻巧地驾驶。'我再问他为什么，他就不告诉我了。请问他的话到底是什么意思呢？"

孔子说："会游泳的人很快就会驾船，是因为不把水放在心上。至于那会潜水的人从未见过船也能轻巧驾驶，那是因为他把深渊看作陆地上的山丘一般，看待翻船如同车子打滑倒退几步。即使翻船退车万种险情出现在面前，他都能镇定自若，不会心慌意乱，到哪里不能保持从容的心态呢？一个赌博的人，用瓦块当赌注的时候，心思灵巧；用铜钩作赌注的时候，心中便有所顾忌；用黄金作赌注的时候，赌输的恐惧会使他心神迷乱。赌的技巧本来是一样的，但是由于心里有所顾惜，就看重外物。凡是看重外在之物的人，内心一定是笨拙的。"

〔解读〕

技巧与技能都要经过反复学习、长期实践、总结经验，最终才能娴熟地掌握。但是娴熟地掌握，就能够次次都充分发挥吗？贝利、马拉

多纳这些著名的超级球星，在关系胜负的关键时刻都有"临门一脚"大失水准的经历；更令人痛惜的是，身怀绝技的杂技演员华伦达原本有一双在钢索上如履平地的脚，但是他却在一次重要的表演中失足殒命。这类事例实在太多，可见，平日熟练地掌握，有时却难以充分地发挥，甚至留下遗憾和痛惜。这是为什么？

睿智的庄子在这则寓言中可以说回答了上面的问题：当一个博弈者用瓦片作赌注的时候，他的技艺就能够发挥得淋漓尽致；当他用铜钩作赌注的时候，他的心理负担就开始影响技艺的正常发挥；而当他用黄金作赌注的时候，胜负的结果就使他的心在颤抖，岂有不败之理？庄子所讲的故事与球星临门一脚的大失水准，华伦达在重要表演中的失足殒命，在事类上是相似的，在道理上是相通的。庄子通过"以瓦注者巧，以钩注者惮，以黄金注者殙"这个例子，揭示了上述名人失败的秘密：凡外重者内拙。

一个人做事太看重结果，心里太紧张，意念太集中，反而会将平素可以轻松做好的事情搞糟。庄子把它叫作"有所矜"——矜惜得失；现代心理学将这种现象叫作"目的颤抖"。

太想踢进球的脚在颤抖，太想在竞技中胜出的心在颤抖。华伦达的脚在钢索上走过千百次，但是，过分在意得失硬是使他的双脚失去了平衡，华伦达失足殒命的悲剧和由这悲剧而定义的著名的"华伦达心态"，印证了庄子"凡外重者内拙"的论断是多么智慧！

# 桓公见鬼

　　桓公田于泽①，管仲御②，见鬼焉。公抚管仲之手曰："仲父何见③？"

　　对曰："臣无所见。"

　　公反，诶诒为病④，数日不出。齐士有皇子告敖者曰⑤："公则自伤，鬼恶能伤公！夫忿滀之气⑥，散而不反⑦，则为不足；上而不下，则使人善怒；下而不上，则使人善忘；不上不下，中身当心⑧，则为病。"

　　桓公曰："然则有鬼乎？"

　　曰："有。沉有履⑨，灶有髻⑩。户内之烦壤⑪，雷霆处之；东北方之下者，倍阿、鲑蠪跃之⑫；西北方之下者，则泆阳处之⑬。水有罔象⑭，丘有峷⑮，山有夔⑯，野有彷徨⑰，泽有委蛇⑱。"

　　公曰："请问委蛇之状何如？"

　　皇子曰："委蛇，其大如毂⑲，其长如辕⑳，紫衣而朱冠。其为物也，恶闻雷车之声，则捧其首而立。见之者殆乎霸㉑。"

桓公辴然而笑曰㉒："此寡人之所见者也。"于是正衣冠与之坐，不终日而不知病之去也。

〔注释〕

①田：打猎。

②御：驾车。

③仲父：桓公对管仲的尊称。

④诶诒（xī yí）：因神志不清而发出的呓语与呻吟声。

⑤皇子告敖：人名，复姓皇子，名告敖。

⑥忿滀（chù）：指滞结在人体内的怒气。忿，怒。滀，结聚。

⑦不反：指不归于身。

⑧中（zhōng）身当心：指怒气聚结于身心。

⑨沉：污水积聚的沟渠。 履：神名。

⑩髻（jié）：灶神，传说穿红衣，形如美女。

⑪烦壤：喧闹之处。壤，通"攘"。

⑫倍阿、鲑蠪（guī lóng）：均为神名。

⑬泆（yì）阳：神名，传说豹头马尾。

⑭罔象：水神。

⑮峷（shēn）：山鬼。

⑯夔（kuí）：山神。

⑰彷徨：旷野之神。

⑱委蛇（wēi yí）：沼泽之鬼。

⑲毂（gǔ）：车轮中心部分，中有圆孔以插轴，这里指车轮。

⑳辕：车辕，大车前驾牲口的直木。

㉑殆：接近。　霸：指成为霸主。

㉒觟（zhěn）然：开怀大笑的样子。

〔译文〕

　　齐桓公在沼泽地里打猎，管仲为他驾车，遇到了鬼。桓公抚摸着管仲的手问道："仲父见到什么了吗？"

　　管仲回答说："我什么也没见到。"

　　桓公回到宫中，梦言呓语而患上了病，好多天不出见群臣。齐国士人皇子告敖对桓公说："是您自己伤害了自己，鬼神怎能伤害您呢！人体内愤急而郁结的气，如果突然涣散而收不回来，人就会显得中气不足；郁结的气如果上升而不下降，那就使人好发怒；如果下降而不上升，那就使人健忘；如果既不上升，也不下降，聚结在心区，那就会使人生病。"

　　桓公说："这样说来，那么到底有没有鬼呢？"

　　皇子告敖回答说："有。脏水污泥之处有鬼叫履，灶上有鬼叫髻。房舍里最吵闹的地方有鬼叫雷霆；东北方的洼地里有名叫倍阿、鲑蠪的鬼跳来跳去；西北方的洼地里，有名叫泆阳的鬼盘踞在那里；水里有鬼叫罔象；丘陵有鬼叫峷；山上有鬼叫夔；旷野有鬼叫彷徨；大泽有鬼叫委蛇。"

桓公问：“请问委蛇鬼的形状是什么样子？”

皇子告敖说：“委蛇，它身躯大如车轮，长如车辕，穿着紫衣，戴着朱帽。那东西，最怕听雷车之声，一听到就捧着脑袋站起来。看到这种鬼的人很快就要成为霸主了。”

桓公听罢不由得开怀大笑，说：“我见到的鬼正是它。”于是齐桓公整理衣帽与皇子告敖同坐共语，不到一天病就不知不觉消失得无影无踪了。

〔解读〕～～～～～～～～～～～～～～～～～～～～～～～～～～～～～～～～

鬼是心之魔。齐桓公在沼泽地打猎遇鬼而患病，是由于处心积虑的心病所致——深怕不能成就霸业。深谙心理学的皇子告敖非常了解齐桓公的心病，所以他才能对因对症下药，以“见之者殆乎霸”的心理治疗，使齐桓公开怀大笑，病立时消失得无影无踪。信鬼神的齐桓公患的是心病，而大讲鬼神的皇子告敖却是高明的心理医生。

# 呆若木鸡

纪渻子为王养斗鸡①。

十日而问:"鸡已乎②?"曰:"未也。方虚恃而恃气③。"

十日又问。曰:"未也。犹应向景④。"

十日又问。曰:"未也。犹疾视而盛气⑤。"

十日又问。曰:"几矣。鸡虽有鸣者,已无变矣⑥。望之,似木鸡矣,其德全矣⑦。异鸡无敢应者,反走矣。"

〔注释〕

①纪渻(shěng)子:人名,姓纪,名渻子。 斗鸡:古代有斗鸡的游戏,使鸡相斗以观赏取乐,犹如后来的斗蟋蟀之类。

②已:完毕,这里指驯鸡完毕,可以相斗。

③虚恃(jiāo):无其实而自傲。恃,同"骄"。 恃气:自负傲气。

④向景:响应声,影随形,相互不可分离。此句是说驯养的这只斗鸡,一听到或看见其他鸡,立即就暴怒起来要去争斗,这种反应就像回声反应音响,影子反

应形体一样。向，通"响"。景，通"影"。

⑤疾视：顾盼疾速，指怒目而视。　盛气：傲气十足。

⑥几：近，差不多。　变：变化，指听到或看见别的鸡时，毫不惊惧。

⑦德全：是说鸡的性情已经修炼成熟。

〔译文〕

纪渻子替国王驯养斗鸡。

过了十天，王问道："鸡驯养好了吗？"答道："不行，正浮躁骄傲而仗气呢。"

过了十天，王又问。他回答说："不行，它听见别的鸡啼叫就应和，看见别的鸡扑来就应战。"

过了十天，王又问。他回答说："还不行。它看见别的鸡还怒目而视，且气焰很盛。"

过了十天再问他。这时纪渻子答道："差不多了。它听到别的鸡在周围鸣叫，神色毫无变化了。走向前去一看，就像一只木鸡，它的性情已经修炼成熟了。别的鸡没有敢与它应战的，见到它转身就逃跑了。"

〔解读〕

"呆若木鸡"决不是丧失斗志，而是彻底除掉浮躁骄满之气后的一种锋芒内敛。曾被誉为"围棋世界第一人"的李昌镐，有着"石佛"的绰号，能收敛锋芒，蓄势待发。在竞艺场上，一个不能除掉浮躁骄傲之气的人注定要败下阵来，一个不能控制自己情绪的人，也不可能成为最后的胜利者。笑到最后的人，比不过不动声色、冷静到终局的人。竞艺与修养，内力与外力，水平与境界，始终是密不可分的。明白这个道理的人很多，但真能做到的却非常少。

# 蹈水之道

　　孔子观于吕梁①，县水三十仞②，流沫四十里③，鼋鼍鱼鳖之所不能游也④。见一丈夫游之，以为有苦而欲死也，使弟子并流而拯之⑤。数百步而出，被发行歌而游于塘下⑥。

　　孔子从而问焉，曰："吾以子为鬼，察子则人也。请问，蹈水有道乎？"

　　曰："亡⑦，吾无道。吾始乎故⑧，长乎性⑨，成乎命⑩。与齐俱入⑪，与汩偕出⑫，从水之道而不为私焉⑬，此吾所以蹈之也。"

　　孔子曰："何谓始乎故，长乎性，成乎命？"

　　曰："吾生于陵而安于陵，故也；长于水而安于水，性也；不知吾所以然而然，命也。"

〔注释〕

①吕梁：水名。《水经注·泗水注》："泗水之上有石梁焉,故曰吕梁也。"其地在今江苏铜山东南。

②县：同"悬"。

③流沫：指大瀑布下面溅起的浪花。

④鼋(yuán)：类似鳖的一种水生动物。 鼍(tuó)：穴居江河岸边的爬行动物。

⑤并流：沿着河流。并,同"傍"。

⑥被发：披散头发。被,同"披"。 行歌：边走边唱。 塘：堤岸。

⑦亡：同"无",没有。

⑧始乎：起于。 故：原有,固有,这里指人类本能。

⑨长：成长。 性：指人类后天的适应性。这里指适应环境的能力,在水边生长自然学会游泳。

⑩成：成功。 命：自然,这里指达到顺乎自然而成功的境界。

⑪齐：通"脐",这里指漩涡的中心。

⑫汩(gǔ)：向上涌起的水流。水流下旋直达河底,由于河床的反作用,又反向上旋涌出水面。

⑬从：顺从,按照。 不为私：不由自己。

〔译文〕

孔子在吕梁观赏山水,瀑布高悬三十仞,水花远溅四十里,鼋鼍鱼鳖都无法游经这里。忽见一个男子跳了下去,孔子以为他是有什么痛苦而想自杀，便让他的学生顺着水流赶到下游救他。却见那人在数百步远的地方又浮了出来，披散着头发，唱着歌谣，从容地游浮到堤岸边。

孔子赶忙跟上去问他，说："我还以为你是鬼呢，仔细一看，原来你却是人。请问，你游水有什么秘诀吗？"

那人答道："没有，我没有什么秘诀。我凭着人的本能开始了我的生活，又依靠人的适应性而成长，顺乎自然而成功。和漩流一起没入水底，和涌流一道浮出水面，完全顺从水性而不自己妄为。这就是我能自如地进出急流的缘故。"

孔子又问："什么叫凭本能开始生活，靠适应性而成长，顺乎自然而成功呢？"

回答说："我出生在山地而安于山地的生活，这是固有的本能；后来在水边长大便安于水上浮游，这便养成了水性；我不知道自己为什么能这样而结果这样，这就是顺乎自然。"

〔解读〕

吕梁丈夫在为孔子师徒演出惊心动魄的一幕后，又以现身说法的方式讲出了他对"蹈水之道"的深刻体会，这就是"始乎故，长乎性，成乎命"，达到"从水之道而不为私"的境界。

"始乎故"，是指人与生俱来的适应本能；"长乎性"，是指人能够依靠这种适应性而在任何后天环境下成长；"成乎命"，是说在顺乎自然规律中获得成功。人与外在环境的关系，主体与客体的互动，就在"始乎故""长乎性""成乎命"这三个层次中展开。吕梁丈夫顺着水势沉浮，"不为私"，是说他经过长年实践完全驾驭了水流运动规律，因势利导，不强行逆水流而动，因此，这种高超水性的获得也就不言而喻地肯定了把握自然规律所具有的重大意义和作用。可见，在庄子"同于自然"的思想中，并不排除人的主体作用，相反，他所强调的"不为私"，实际上包含着他对主客体关系、人与物关系的深刻理解。

# 梓庆为镰

梓庆削木为镰①，镰成，见者惊犹鬼神。鲁侯见而问焉，曰："子何术以为焉？"

对曰："臣工人，何术之有！虽然，有一焉。臣将为镰，未尝敢以耗气也，必齐以静心②。齐三日，而不敢怀庆赏爵禄；齐五日，不敢怀非誉巧拙；齐七日，辄然忘吾有四肢形体也③。当是时也，无公朝，其巧专而外骨消④；然后入山林，观天性形躯⑤，至矣⑥，然后成见镰⑦，然后加手焉⑧；不然则已。则以天合天⑨，器之所以疑神者，其由是与！"

〔注释〕

①镰：通"虡（jù）"，悬挂钟磬等乐器的木架，刻有鸟兽神怪等装饰图案。

②齐：同"斋"，斋戒，即自我修省，屏除杂念，使内心明净。下同。

③辄然：独立超脱的神态。

④外骨消：骨，通"滑"，扰乱。意思是外界一切干扰消失了。

⑤天性形躯：指自然鸟兽的形态动作。

⑥至矣：指已有所获。

⑦成见：指心目中展现出一个完整的镶。见，同"现"。

⑧加手：动手制作。

⑨以天合天：这里指使自己的自然心性契合鸟兽的自然神形。

〔译文〕

　　梓庆砍削木头做镶，做成后，看见的人都惊讶它有如鬼斧神工。鲁国国君见了梓庆便问道："你凭什么妙法做成这个呢？"

　　梓庆回答说："我只是一个工匠，哪有什么妙法！不过，有这么一点我可以说说。我在做之前，从来不敢耗损精神，一定要斋戒让心神宁静。斋戒到第三天，内心便不敢怀有领取赏赐爵禄的念头；斋戒到第五天，便把他人一切有关毁誉巧拙的议论不放在心上了；斋戒到第七天，有一种超然之感，连自己还有四肢形体也忘掉了。在这个时候，一切朝廷之事都忘记了，我的技巧高度专一，外界的任何干扰都消失了。然后我才进入山林，细心观察大自然中鸟兽的天然情状，一旦达到心有所得，在我的眼前便展现出一个完整的（饰有鸟兽图形的）钟磬架子，然后才动手制作；不然便不动手。这就是以我的自然心性去契合鸟兽的自然神形，制成的器物被惊疑为鬼斧神工，恐怕就是这个缘故！"

〔解读〕

　　"梓庆为鐻"，描述的乃是一种艺术创作的全过程，它凝聚了艺术实践所积累的宝贵经验。这里有两点需要特别提出：首先，艺术家在艺术创作之前的一段时间，就要在精神与心理上逐渐进入一种高度宁静和谐的状态，不仅要抛掉赏赐荣进之心，毁誉巧拙之虑，甚至超越到连自己的存在都忘掉了，这就是所谓"物我两忘"的境界。在这种境界中，来自外在与内在（物与我）的一切干扰，都纷纷被排除了，这样不仅使技巧能够在心志高度专一的情况下得以施展和发挥，而且，也因精神上处于虚静澄明的状态，更有利于大脑平时所储备的各种信息的骤然"接通"，产生所谓"妙悟"，进而和审美感知发生联系。这个阶段之后，便进入了"以天合天"的创作过程，这就是以自己静心得来的自然心性去观照万物之情性，从而在心目中"成见"，然后才动手操作，在"外师造化，中得心源"中使作品达到工巧若神的境地。以上两点，概括了很多艺术家普遍认同的创作感悟。

山木

# 林回弃璧

假人亡<sup>①</sup>，林回弃千金之璧<sup>②</sup>，负赤子而趋<sup>③</sup>。

或曰："为其布与<sup>④</sup>？赤子之布寡矣。为其累与<sup>⑤</sup>？赤子之累多矣。弃千金之璧，负赤子而趋，何也？"

林回曰："彼以利合，此以天属也<sup>⑥</sup>。"

夫以利合者，迫穷祸患害相弃也；以天属者，迫穷祸患害相收也。

〔注释〕

①假：国名。 亡：逃亡。假国遭晋国所灭，百姓出逃。

②千金之璧：价值千金的璧玉。璧，玉器，平圆形，正中有孔。古代贵族朝

聘、祭祀时所用礼器，也可作装饰品，价值贵重。

③趋：快步走。

④为：通"谓"。 布：货币，指钱财。

⑤累：负担。

⑥天属：以天然骨肉相连系。

〔译文〕

假国人逃难，有个名叫林回的人抛弃了价值千金的玉璧，背着婴儿急忙逃跑。

有人问道："要说钱财吧，婴儿比璧玉少得多；要说负担吧，婴儿比璧玉大得多；抛弃价值千金的璧玉，背上婴儿奔走，为的是什么呢？"

林回答道："那璧玉不过是因为值钱才跟我在一块儿，这婴儿可是血肉相连之亲啊。"

那以利益相结合的，迫于穷困祸患就会相互抛弃；以骨肉情长相连的，穷困祸患相逼时就会相互依靠。

〔解读〕

财富与亲情同是人所看重的，但当二者发生冲突而必须在其中做出取舍选择时，人们的态度却未必相同。林回弃璧负子的故事体现了人性中的光辉。

# 处势之要

王独不见夫腾猿乎①？其得楠梓豫章也②，揽蔓其枝而王长其间③，虽羿、蓬蒙不能眄睨也④。及其得柘棘枳枸之间也⑤，危行侧视⑥，振动悼栗⑦；此筋骨非有加急而不柔也⑧，处势不便⑨，未足以逞其能也。

〔注释〕

①王：指魏王。　腾猿：在树间腾跃的猿猴。

②楠梓（zǐ）豫章：都是长得高大笔直的乔木。章，樟树。

③揽蔓：牵引。　王长（wàng zhǎng）：形容意气昂扬。

④羿（yì）：古代传说中善于射箭的人。　蓬蒙：羿的弟子。　眄睨（miǎn nì）：斜看。意思是，连侧目斜看都不可能，更不要说引弓去射它了。

⑤柘（zhè）棘枳（zhǐ）枸（jǔ）：都是有刺的灌木。

⑥危行侧视：指行动不便，处处小心谨慎。危行，行动谨慎。侧视，左顾右盼。

⑦振动悼栗：指心里恐惧。

⑧加急：限制，收紧。　柔：灵活。

⑨处势：所居处之地。

〔译文〕 ∼∼∼∼∼∼∼∼∼∼∼∼∼∼∼∼∼∼∼∼∼∼∼∼∼∼∼∼∼∼∼∼∼∼∼

　　大王您没有看见善于腾跃的猿猴吗? 当它处在楠、梓、豫、樟之类的大树上时, 便可以随意攀枝引条, 自由活动, 在其间神气得很, 即便是后羿、蓬蒙那样的神箭手对它也无可奈何。等到它来到荆棘灌木丛中, 便左顾右盼小心翼翼地走着, 风吹草动都会引起它内心的惊恐; 这不是它的筋骨受到束缚而不敏捷了, 而是所处的环境条件变得不利了, 不能让它充分施展自己的才能啊。

〔解读〕 ∼∼∼∼∼∼∼∼∼∼∼∼∼∼∼∼∼∼∼∼∼∼∼∼∼∼∼∼∼∼∼∼∼∼∼

　　猿猴在乔木之间随意攀援, 能够充分发挥腾跃的本领, 而在灌木丛中则 "危行侧视, 振动悼栗", 这说明不同的环境对于才能的施展起到了完全不同的作用。人施展才能, 也需要良好的外部环境, 需要一个可以充分发挥才华的平台。一个人成就大小, 往往与平台的高低成正比。

田子方

# 鲁国少儒

庄子见鲁哀公①。

哀公曰:"鲁多儒士,少为先生方者②。"

庄子曰:"鲁少儒。"

哀公曰:"举鲁国而儒服,何谓少乎?"

庄子曰:"周闻之,儒者冠圜冠者③,知天时;履句屦者④,知地形;缓佩玦者⑤,事至而断。君子有其道者,未必为其服也;为其服者,未必知其道也。公固以为不然,何不号于国中曰⑥:'无此道而为此服者,其罪死!'"

于是哀公号之五日,而鲁国无敢儒服者,独有一丈夫儒服而立乎公门。公即召而问以国事,千转万变而不穷。

# 庄子曰："以鲁国而儒者一人耳，可谓多乎?"

〔注释〕

①鲁哀公（约公元前494—前476年在位）比庄子（约公元前369—前286年）早120年，这里说二人相见，是寓言的写法。

②方：道术。

③圜冠：圆顶的帽子。圜，同"圆"。

④句屦（jù）：方形的鞋子。句，通"矩"。屦，麻、葛等制成的草底鞋。

⑤缓：从容自在的样子。 佩玦：佩挂着玉玦。玦，半环形有缺口的佩玉，古代常用以赠人表示决绝。

⑥号：号令。

〔译文〕

庄子去见鲁哀公。

哀公说："我们鲁国有很多儒士，学先生道术的却很少。"

庄子说："我在鲁国很少看到什么儒士。"

哀公说："全鲁国的人几乎都穿儒士的服装，怎么能说很少看见呢?"

庄子说："我听说，儒士头戴圆顶的帽子，表示上通天文；脚穿方形的鞋子，表示下晓地理；身上佩带玉玦，表示遇事处置果断。其实，真正具有这些知识才能的人，未必都穿着这样的服装；穿着这样服装的人，未必就真正有这样的知识才能。您当然一定不相信，那么为什么不在国内发布这样一项命令：'凡是没有这种道术修养而穿这样服装的人，一律处以死刑！'"

于是，鲁哀公发布号令五天，鲁国便没人敢再穿儒士服装了，唯独有一男子穿着儒士服站在朝门之外。哀公立刻召见他，问以国家大事，无论问题多么复杂他都能对答如流。

庄子说："鲁国这样大而真正称得起儒士的只有这一个人，可以说是多吗？"

〔解读〕

鲁哀公眼里的儒士是身着儒服的人，所以，在周公所封之国、儒学所兴之地的鲁国，自然是"举鲁国而儒服"——儒士多得很。

与只重其表不看其实的鲁哀公不同，庄子认定儒士的标准是重其实——看是否有道有术，是否有真才实学。如果只看重其表，而不重其实，弄虚作假、名不副实的现象就会大量出现，真正的人才反而会由于"假货"的充斥泛滥而受到挤压和排斥。

知北游

# 心无二用

大马之捶钩者①，年八十矣，而不失豪芒②。大马曰："子巧与！有道与？"曰："臣有守也③。臣之年二十而好捶钩，于物无视也，非钩无察也。是用之者，假不用者也④，以长得其用，而况乎无不用者乎！物孰不资焉！"

〔注释〕

①大马：官名，即大司马。 捶：锻打。 钩：指腰带钩。

②豪：通"毫"。 芒：禾芒。毫、芒均为极细小之物，"不失豪芒"是说极微细的差错也没有。

③守：遵守。

④假：借助。

〔译文〕

　　大司马家锻打带钩的工匠，八十岁了，制作的钩竟分毫不差。大司马说：“您的手艺真是巧妙啊！有诀窍吗？”回答说：“我一直遵守一条原则。我二十岁时就爱好锻打带钩，对别的东西从来不看，不是带钩就不去关心。这就是所用心的地方，因为心无旁骛，以至于能长久获得那用心之处的功效，更何况全部精力都用上了呢！（在这种情况下）万物哪个不帮助他呢！”

〔解读〕

　　一个人有一种爱好，能够几十年如一日地坚守这种爱好，把心思和精力都用于自己所爱的专业上，他必然会在这方面取得突出的成绩，成为此专业领域里的佼佼者。一个人的生命、精力是有限的，而面对的领域又是不可穷尽的。所以，要想取得卓越的成就，就应该处理好“有所不为”和“有所为”的关系。锻钩老工匠总结出的“用心”与“不用心”、“有所为”与“所有不为”的辩证法，大概说出了一切专业工作者的体会。在应该用心之处专注，在不该用心之处放松，这些都要自己很好地把握。

# 杂 篇

庚桑楚

# 虚怀待物

与物穷者①，物入焉②；与物且者③，其身之不能容，焉能容人！不能容人者无亲，无亲者尽人④。兵莫憯于志⑤，镆铘为下⑥；寇莫大于阴阳⑦，无所逃于天地之间。非阴阳贼之⑧，心则使之也。

〔注释〕

①与：待，对待。 穷：指虚空。

②入焉：指纳入"与物穷者"之胸怀。

③且：通"阻"。

④尽人：尽于人，指为人们所弃绝。

⑤兵：兵器。 憯（cǎn）：锋利。

⑥镆铘：或作"莫邪"，良剑名。

⑦寇：残害人的大敌。 阴阳：指阴阳的变化。

⑧贼：害，伤害。

〔译文〕

以空虚的胸怀来对待外物的人，万物都将纳入他的胸怀；与外物格格不入的人，他自己尚且无处容身，又怎能容纳别人！不能容人的人没有亲近者，没有亲近者的人就自绝于人。武器没有比心志更厉害的了，镆铘利剑还在其次；伤害人的大敌莫过于阴阳，它让你在天地之间无所逃避。其实并非阴阳在伤害你，而是你的心志未能顺应阴阳的变化而使自身受到伤害。

〔解读〕

有"空虚"之处，才能容纳外物，比如一间房子、一个箱子、一只袋子，因为里面有"空虚"才能住人、置家具、放物品。这"虚能受物"的道理也适用于人的胸怀，有了"虚怀"，才能不断受纳外物，从而兼收并蓄，博采众长。所以虚怀若谷不仅是很高的境界，也是极高的智慧。

另外，人不仅要有"虚怀"，还要有心志。一个人能否有成就，虽有内在外在的种种因素，但心志、志向却是方向性的、根本性的，也是第一位的。所谓"人无志不立""有志者事竟成"，说的就是"志"对于人的重要性。我们首先要成为有志之人，然后才能谈奋斗的动力和事业的追求。在实其志的同时还要学会虚其怀，有心志的人也应该具备纳物的虚怀。

徐无鬼

# 运斤成风

　　庄子送葬，过惠子之墓，顾谓从者曰："郢人垩慢其鼻端①，若蝇翼②，使匠石斫之③。匠石运斤成风④，听而斫之⑤，尽垩而鼻不伤⑥，郢人立不失容⑦。宋元君闻之，召匠石曰：'尝试为寡人为之。'匠石曰：'臣则尝能斫之⑧。虽然⑨，臣之质死久矣⑩。'自夫子之死也，吾无以为质矣，吾无与言之矣⑪。"

〔注释〕

①郢（yǐng）人：楚人。郢，楚国的都城，其地在今湖北江陵。　垩（è）：白泥。　慢：同"墁"，涂抹。

②若蝇翼：指鼻尖上的白泥像苍蝇翅翼一样薄。

③匠石：一个名叫石的匠人。 斫（zhuó）：砍削。

④运斤：挥动斧子。斤，斧。

⑤听而斫之：指郢人任凭其斫之。听，任凭。

⑥尽垩：指把鼻尖上的白泥点完全削掉。

⑦不失容：不失常态。

⑧尝：曾经。

⑨虽然：虽然如此，不过。

⑩质：对，这里指相互匹对的对象。下同此解。

⑪无与言之：意指再没人可以与我辩论道理了。

〔译文〕 〰〰〰〰〰〰〰〰〰〰〰〰〰〰〰〰〰〰〰〰〰〰〰〰〰〰〰〰〰〰〰

　　庄子去为一位死去的朋友送葬，途中经过惠子的坟墓，便回头对跟随的人说："郢都有个人，鼻尖上涂了一滴白泥，就像蝇翅一样细薄，让匠石替他削掉。匠石抡斧生风，郢人任他砍削，白泥被削得干干净净，而鼻子没伤一根汗毛，这个郢人站在那里神态自若。宋元君听说了这件事，把匠石召去说：'试试替我表演一下在鼻子上斫泥的技巧。'匠石说：'我确实曾经可以把别人鼻尖上的泥点削掉。但是，我的搭档已经死去很久了。'自从惠子死了以后，我再没有对手了，我再没有可以与之论辩究理的人了。"

〔解读〕 〰〰〰〰〰〰〰〰〰〰〰〰〰〰〰〰〰〰〰〰〰〰〰〰〰〰〰〰〰〰〰

　　庄周与惠施代表不同学派，他们为了究理而诘难论辩，既是对手，又是朋友。庄子对惠子的深切怀念，体现了他们之间存有一种思想家的理解和宽容，这种理解和宽容也就培植了深厚的友谊。

　　庄子在怀念惠子时，引用了"匠石运斤成风"而"郢人立不失容"的故事，寄寓他失友的悲痛，这又非常生动地说明了学术上出现的论争，表面上看是对立与排斥，实际却是在探索真理的道路上的相互配合和通力合作。

则阳

# 蜗角之争

戴晋人曰①："有所谓蜗者，君知之乎②？"

曰："然。"

"有国于蜗之左角者曰触氏，有国于蜗之右角者曰蛮氏③，时相与争地而战，伏尸数万，逐北旬有五日而后反④。"

君曰："噫！其虚言与？"

曰："臣请为君实之⑤。君以意在四方上下有穷乎⑥？"

君曰："无穷。"

曰："知游心于无穷⑦，而反在通达之国⑧，若存若亡乎⑨？"

君曰："然。"

曰："通达之中有魏⑩，于魏中有梁⑪，于梁中有王。王与蛮氏，有辩乎⑫？"

君曰："无辩。"

客出而君惝然若有亡也⑬。

〔注释〕

①戴晋人：魏国贤人。

②君：指梁惠王魏莹。下文即戴晋人与魏莹的对话。

③触氏、蛮氏：指在蜗牛头部两对触角上所建起的国家。

④逐北：追逐败兵。北，败。　旬有五日：十五天。

⑤实：作动词用，证实的意思。

⑥意：意料，想象。　四方上下：宇宙。

⑦游心：指驰骋想象。

⑧通达之国：指人马舟车所能到达的地方。

⑨若存若亡：如有如无。此句的大意是：人类所生活的四海之内，放在无穷的宇宙之内，简直是如有如无了。

⑩有魏：意指魏国只占四海之内的一隅。

⑪梁：魏国都城，今河南开封。

⑫辩：同"辨"，分别。

⑬惝（chǎng）然：怅惘失意的样子。

〔译文〕

戴晋人对梁惠王说："一种小动物叫蜗牛，您知道吗？"

回答说："当然知道。"

戴晋人说："有建国在蜗牛左边触角之上的叫触氏，有建国在蜗牛右边触角之上的叫蛮氏，经常为争夺地盘而开战，每战抛弃的尸体就有数万，胜利的一方追逐败逃的一方往往达半月之久才收兵。"

梁惠王说："哎呀！你大概是说谎话吧？"

戴晋人说："就请让我替您证实它。在您看来宇宙有穷尽吗？"

梁惠王回答："无穷。"

戴晋人说："您知道当驰骋想象于无穷的宇宙之后，再回到人所居住的四海之内，两相对比，渺小的通达之国不是如有如无吗？"

梁惠王回答说："是的。"

戴晋人说："在通达之国中有个魏国，在魏国之中有个梁，在梁之中有您这个君王。从在整个宇宙中的地位来看，大王您和蛮氏有什么区别吗？"

梁惠王回答说："是没有区别。"

戴晋人辞出，梁惠王怅然若有所失。

〔解读〕～～～～～～～～～～～～～～～～～～～～～～～～～～～

战国时代，近二百年间，共发生过二百余次战争，可称是中国历史上战争最频繁的时期。大国之君为争夺土地和财富，动辄大动干戈，涂炭生民。梁惠王就是其中的好利好战之君。庄子借戴晋人之口把当时"争地以战，杀人盈野；争城以战，杀人盈城"（《孟子》）的残酷战争，说成是蜗牛左右角上两个国家之间发生的战争，并且使梁惠王在严密的逻辑推论面前不得不承认自己就如同蛮氏的国君。为了区区集团利益，为了满足统治欲望而不惜流血伏尸，到头来究竟达到了什么目的？

# 与日俱新

蘧伯玉行年六十而六十化①，未尝不始于是之而卒诎之以非也②，未知今之所谓是之非五十九非也。万物有乎生而莫见其根，有乎出而莫见其门。人皆尊其知之所知③，而莫知恃其知之所不知而后知④，可不谓大疑乎⑤？

〔注释〕

①蘧（qú）伯玉：卫国的贤大夫，姓蘧，名瑗（yuàn），字伯玉。　行年：经历过的年岁。　六十化：六十年来与日俱新，随年变化。

②是之：以之为是。　诎：通"黜"，斥退，抛弃。

③尊：看重。　其知：读"其智"，下句"其知"亦读作"其智"。

④恃：依恃，凭借。

⑤疑：惑。

〔译文〕

卫国贤大夫蘧伯玉活了六十岁，而六十年来随年变化与日俱新，未尝不是起初认为是对的, 到后来又认为是不对的而加以抛弃; 不确定如今认为是对的, 就不是五十九岁前所认为不对的。万物都有它的诞生, 但没有谁看见它的根源; 都有它的出处, 但没有谁看见它的门径。人们都看重自己的智慧所知道的, 却没有谁懂得正是凭借着自己的智慧所不知道的然后才有所知, 能不说这是最大的迷惑吗?

〔解读〕

与日俱新, 一方面是由于世界本身在不断变化, 另一方面是缘于事物的发展, 认识也在不断深化。要有所发明和发现, 有所突破和创新, 仅仅依靠自己的经历和智慧所形成的知识框架或认识模式是远远不够的, 甚至会导致僵化, 阻碍和窒息创新性的思维。了解 "恃其知之所不知而后知" 的道理, 就可以防止思想的僵化, 突破个人经验的局限性和封闭性。

外物

# 涸辙之鲋

庄周家贫，故往贷粟于监河侯①。

监河侯曰："诺。我将得邑金②，将贷子三百金，可乎？"

庄周忿然作色曰："周昨来，有中道而呼者③。周顾视车辙中，有鲋鱼焉④。周问之曰：'鲋鱼来⑤！子何为者邪？'对曰：'我，东海之波臣也⑥。君岂有斗升之水而活我哉？'周曰：'诺。我且南游吴越之王⑦，激西江之水而迎子⑧，可乎？'鲋鱼忿然作色曰：'吾失我常与⑨，我无所处。吾得斗升之水然活耳，君乃言此，曾不如早索我于枯鱼之肆⑩！'"

〔注释〕

①贷粟：借粮。 监河侯：刘向《说苑》作"魏文侯"。

②邑金：封邑收取的赋税。

③中道：途中。

④鲋（fù）鱼：鲫鱼。

⑤来：语气词。

⑥波臣：水族王国中的一名臣子。

⑦游：指游说。

⑧激：激扬，把水从低处引到高处。

⑨常与：常所，指鱼的正常生活环境。

⑩曾：还。 索：求，寻找。 肆：店铺。

〔译文〕

庄周家里很穷，因此去找监河侯借粮。

监河侯说："好。我就要收取封邑的税金了，可以借给你三百金，好吗？"

庄周听后脸色骤变，忿忿地说："我昨天来这里，半路上听到有呼救声。我回头一看，原来在车轮碾成的坑道里，有一条鲫鱼在挣扎。我问它说：'鲫鱼！你在干什么呢？'鲫鱼答道：'我是东海里的水族，您可有一升半斗的水救救我这条命吗？'我说：'好。我正要到南方去游说吴国越国的国王，把西江的水引过来迎接你，可以吗？'鲫鱼气得变了脸色说：'我失去了正常的生活环境，已经无处安身。我只求你给我一升半斗的水好活命,可是你却说这样的话,还不如趁早到干鱼市场上去找我!’”

〔解读〕

　　庄周请监河侯贷粟的故事,虽是一个寓言,但它却真实地反映了某些人的虚伪嘴脸——有很多类似监河侯这样的统治者,非但对穷人的急难不予施救,还常常故作姿态,用慷慨动听的大话来遮盖他们的悭吝。不施斗升之水,却大谈激西江之水,迎鲋鱼于道辙以归东海,这种无济于事的夸夸其谈怎么掩盖得了见死不救的冷酷?难怪鲋鱼会忿然作色,直截了当地戳穿这种伪善中所包藏的残酷了。

# 任公垂钓

任公子为大钩巨缁[1]，五十犗以为饵[2]，蹲乎会稽[3]，投竿东海，旦旦而钓，期年不得鱼。已而大鱼食之，牵巨钩，餡没而下[4]，骛扬而奋鬐[5]，白波若山，海水震荡，声侔鬼神[6]，惮赫千里[7]。任公子得若鱼[8]，离而腊之[9]，自制河以东[10]，苍梧已北[11]，莫不厌若鱼者[12]。已而后世辁才讽说之徒[13]，皆惊而相告也。夫揭竿累[14]，趣灌渎[15]，守鲵鲋[16]，其于得大鱼难矣！饰小说以干县令[17]，其于大达亦远矣[18]。是以未尝闻任氏之风俗[19]，其不可与经于世亦远矣[20]。

〔注释〕

①缁（zī）：指黑丝绳。

②犗（jiè）：阉割过的牛。

③会稽：山名，在今浙江绍兴南。

④铭：同"陷"，指大鱼牵着钓钩没入水中。

⑤骛扬：奔驰。 鬐（qí）：鱼鳍。

⑥侔（móu）：等同。

⑦惮赫：惊惧。

⑧若：此。

⑨离：分割。 腊（xī）：晾干，摆放在阴凉的地方让风吹干。

⑩制河：浙（zhè）河，即浙江，今称钱塘江。

⑪苍梧：山名，在岭南，传说为舜葬之地。 已：同"以"。

⑫厌：饱食。

⑬辁（quán）才：浅陋之才。 讽说：道听途说。

⑭揭：扛着。 累：钓鱼用的丝线。

⑮趣：同"趋"，赴。 灌渎：小灌溉沟渠。

⑯鲵鲋（ní fù）：泛指小鱼。

⑰小说：浅薄的学说，即上文的"辁才"。 干：求。 县令：指高名令闻，嘉名美誉。县，同"悬"，高。令，善，美好。

⑱大达：指通达一切事理的最高思想境界。

⑲风俗：风度气魄。

⑳与：参与。 经：治理。


〔译文〕

任公子制作了一个巨大的钓钩，系上粗而长的黑丝绳，用五十头阉割过的肥牛作钓饵，蹲在会稽山上，甩动钓竿把钓钩投入东海，天天下钩，整整一年也没有钓上鱼。过后不久，一条大鱼吞下了钓饵，牵拉大钩沉入海底，四处奔窜，张起鱼鳍，搅得海面白浪如山，水波震荡，涛声犹如鬼哭神号，千里之内，人们被吓得胆战心惊。任公子钓到这条鱼，把它剖开晾成鱼干，自浙江以东，苍梧以北，所有的人都饱餐了一顿鱼肉干。不久后，那些才智短浅、喜好道听途说的人，都惊奇地奔走相告。那些扛着小竿细绳，跑到小沟浅渠边，等着小鱼上钩的人，要他们来钓取大鱼是太难了！那些文饰其浅薄之学而企求高名美誉的人，他们和大智的距离实在是太远了。所以未曾领教过任公子这样风度气魄的人，是不可让他们参与经邦治世的，那差距真是太大了。

〔解读〕

　　"蹲乎会稽，投竿东海"，放长线，钓大鱼——志向远大的人，不计较一朝一夕的得失，而是以宏大的气魄，超常的毅力，不懈的努力，来成就大事业，做出大贡献。这就好比"旦旦而钓"，期年不得，一朝得鱼，众人皆惊。

# 诗礼发冢

儒以诗礼发冢①。

大儒胪传曰②："东方作矣③，事之何若？"小儒曰："未解裙襦④，口中有珠。""诗固有之曰⑤：'青青之麦，生于陵陂⑥，生不布施，死何含珠为⑦！'接其鬓⑧，压其顪⑨，儒以金椎控其颐⑩，徐别其颊⑪，无伤口中珠！"

[注释]

①发冢（zhǒng）：盗挖坟墓。

②胪（lú）传：由上向下传话。

③东方作：指太阳出来了。

④裙：下裳。　襦（rú）：上衣。

⑤诗：古代逸诗。

⑥陵陂（bēi）：山坡。

⑦何含珠为："为何含珠"的倒装。

⑧接：扎束。

⑨频（huì）：下颌上的胡须。

⑩儒：《艺文类聚·宝玉部》引作"而"，可从之。 控：敲打。 颐：下巴。

⑪徐：慢慢地。 别：分开。

〔译文〕

儒士运用诗书盗挖坟墓。

大儒在墓外向墓穴里传话说："太阳出来了，事情干得怎么样了？"小儒在墓穴里回答说："衣裙还没解下来，口中还有颗宝珠。"大儒便说："古诗中有这样的话：'青青麦苗儿，长在山坡上，生前吝啬不施舍，死后为何还含宝珠！'你把他的鬓发扎起来，压住他下巴上的胡须，用铁锤轻敲他的下巴，再慢慢撬开两颊，千万别损坏了口中那颗宝珠啊！"

〔解读〕

传授诗书礼仪是儒者所奉的社会职业，夜黑发冢是盗墓贼的惯用伎俩，庄子竟把这绝不相容的"神圣"与"丑恶"巧妙地结合起来，看似荒诞不经，却形成了多么启人深思的幽默，又是多么辛辣尖锐的讽刺。整个寓言写大儒带领小儒，于深更半夜，在掘开的坟圹间，一问一答，以"生不布施，死何含珠为"这样的诗书之教，作为自己挖坟盗墓的正大光明的道德依据。故事本身虽属荒唐，但所反映的现象却具有现实性和一般性。

# 神龟刳肠

　　宋元君夜半而梦人被发①，窥阿门②，曰："予自宰路之渊③，予为清江使河伯之所，渔者余且得予④。"

　　元君觉，使人占之⑤。曰："此神龟也。"

　　君曰："渔者有余且乎？"

　　左右曰："有。"

　　君曰："令余且会朝⑥。"

　　明日，余且朝。君曰："渔何得？"

　　对曰："且之网得白龟焉，其圆五尺。"

　　君曰："献若之龟⑦。"

　　龟至。君再欲杀之，再欲活之，心疑，卜之。曰："杀龟以卜，吉。"

　　乃刳龟⑧，七十二钻⑨，而无遗策⑩。

　　仲尼曰："神龟能见梦于元君⑪，而不能避余且之网；知能七十二钻而无遗策⑫，不能避刳肠

之患。如是，则知有所困，神有所不及也。虽有
至知<sup>⑬</sup>，万人谋之。"

〔注释〕

①宋元君：宋国国君，谥号元。

②阿（ē）门：偏侧的门。

③宰路：渊潭名，龟居住的地方。

④余且：姓余，名且，捕鱼人。

⑤占：占卜。

⑥会朝：见于朝，即朝见。

⑦若：你。

⑧刳（kū）：剖开胸腹将内脏掏空。

⑨钻：古人占卦时在龟甲上钻孔，用火烧钻孔处，看它的裂纹来定吉凶。

⑩无遗策：指没有一卦是不灵验的。遗策，策算不准。

⑪见（xiàn）梦：托梦。

⑫知：同"智"。

⑬至知：意指绝顶的聪明。

〔译文〕

宋元君半夜里梦见一个人披头散发，在侧门边窥视，边说："我来自宰路水潭，我作为清江的使者被派往河伯那里去，不幸被渔父余且

所捕获。"

元君醒后，令人占卦解梦。占卦人说："这是一只神龟。"

元君问道："渔夫当中有叫余且的吗？"

左右侍候的人答道："有。"

元君命令道："传余且来朝见。"

第二天，余且来朝见。元君问他道："你打鱼时捕获了什么？"

余且回答说："我用渔网捕获了一只白龟，龟背的周长有五尺。"

元君说："把你的龟献上来。"

龟献到后，元君又想杀死它，又想养活它，犹豫不定，只好卜问。卜辞说："杀龟用于占卜，吉利。"

于是就把龟剖杀了，在龟甲上钻了七十二个洞，卜了七十二卦，卦卦灵验。

孔子叹息说："神龟能够托梦给元君，却不能逃避余且的渔网；它的智力能占卜七十二次而不失算，却不能逃脱杀身破肠的灾难。由此看来，智慧也有困迫而不能应对的时候，神灵也有预料不到之事啊。一个人即便有绝顶的智慧，也敌不过众人的谋虑。"

〔解读〕

神龟难免剖肠之灾，证明了"知有所困，神有所不及"的道理。世上从来没有全能的智慧，更不存在洞察一切的神明，即使有超伦逸群的"智者""神算"一类的人物，也难免千虑一失，百密一疏，但是吸收"万人之谋"，就可能减少我们智慧中的偏执，从而少犯错误。如果能够达到"昭昭于冥冥"的境界，或许也可以避灾免祸吧！

让王

# 屠羊说辞赏

楚昭王失国①，屠羊说走而从于昭王②。昭王反国③，将赏从者，及屠羊说④。屠羊说曰："大王失国，说失屠羊⑤；大王反国，说亦反屠羊。臣之爵禄已复矣⑥，又何赏之有哉！"

王曰："强之⑦。"

屠羊说曰："大王失国，非臣之罪，故不敢伏其诛⑧；大王反国，非臣之功，故不敢当其赏。"

王曰："见之⑨。"

屠羊说曰："楚国之法，必有重赏大功而后得见，今臣之知不足以存国⑩，而勇不足以死寇⑪。吴军入郢，说畏难而避寇，非故随大王也⑫。今大王欲废法毁约而见说，此非臣之所以闻于天下也。"

王谓司马子綦曰⑬："屠羊说居处卑贱而陈义甚高⑭，子綦为我延之以三旌之位⑮。"

屠羊说曰："夫三旌之位，吾知其贵于屠羊之肆也⑯；万钟之禄⑰，吾知其富于屠羊之利也；然岂可以贪爵禄⑱，而使吾君有妄施之名乎！说不敢当，愿复反吾屠羊之肆。"遂不受也。

〔注释〕

①楚昭王：楚平王之子。　失国：丢掉了国家。楚昭王之父楚平王杀害伍奢，伍奢之子伍员投奔于吴。楚昭王即位后，伍员请得吴伐楚，攻破楚国郢都，昭王仓皇出逃，所以说"失国"。

②屠羊说（yuè）：一个名叫说的宰羊人。

③反国：指回到郢都。反，同"返"。

④及：指轮到赏赐。

⑤失屠羊：失掉了宰羊的工作和收入。

⑥爵禄：官爵俸禄，这里指职业和收入。

⑦强之：指命令手下人硬给屠羊说赏赐。

⑧伏：服，甘心接受。　诛：惩罚。

⑨见：指召见。

⑩知：同"智"。 存国：保全国家。

⑪死寇：为抗击外敌入侵而死。寇，指外敌入侵。

⑫故：有心，特意。

⑬司马：官职名。 子綦：人名。

⑭居处：处在。 陈义：陈述道理。

⑮本句中"綦"字当为"其"字之讹，用作语气副词，表示祈请的语气。昭王面对司马子綦说话，惯常只用"子"，而不会直呼其名。 延：请，聘请。 三旌之位：公卿爵位。

⑯肆：店铺。

⑰万钟之禄：公卿才可享受到的俸禄等级。钟，古量器名，一钟合六斛四斗。

⑱以：因为，由于。

〔译文〕〜〜〜〜〜〜〜〜〜〜〜〜〜〜〜〜〜〜〜〜〜〜〜〜〜

楚昭王丢掉了国家，屠羊说逃难中一直跟随着昭王。昭王返回郢都之后，要赏赐跟随出逃的人，轮到了屠羊说。屠羊说说："大王丢了国家，我丢了宰羊的职业；大王恢复了国家，我也恢复了宰羊的职业。如今我的'官爵俸禄'都已恢复了，又有什么好奖赏的呢！"

昭王听到这件事后命令手下人说："强令他接受封赏。"

屠羊说说："大王当初丢掉国家，不是我的罪过，所以我不敢接受惩罚；如今大王恢复国家，也不是我的功劳，所以不敢接受赏赐。"

昭王听了汇报后说："让这个人来见我。"

屠羊说对传令的人说："楚国的礼法，一定要有大功受重赏才能受到国王召见，如今我的才智不足以保全国家，而勇猛又不足以为国难献身。吴国军队侵入我们的郢都，我在国难面前害怕了，所以躲避敌人，并非是我有心追随大王啊。如今大王想不顾礼法，破坏规矩来召见我，这不是我愿意让天下的人听到的事情。"

昭王对司马子綦说："屠羊说处在卑贱的地位，但陈述的道理却很深刻，你就替我用卿相之位去请他吧。"

屠羊说说："卿相之位，我当然知道它比羊肉铺子尊贵；万钟俸禄，我当然知道它比宰羊收入丰厚；但是，我哪能因为贪图官爵俸禄而使我们的国君落下滥加赏赐的名声呢！我不敢接受，只希望让我回到屠羊的作坊里去。"就这样始终不肯接受赏赐。

〔解读〕

屠羊说以卖羊肉为业。由于跟随楚王逃难，楚昭王复国后遍赏从行者，也轮到了他的份儿，应该说这是一次不可多得的改变职业、提升地位的人生机遇。但是，在屠羊说看来，能够重操屠羊旧业，不再逃难，也就是恢复了"爵禄"，还有什么赏赐的理由呢？楚王"强之"等举动未免有邀名之嫌，而屠羊说坚拒赏赐则完全是出于真诚。他的不慕名利，不为苟得，而满足于重操屠羊旧业的淡泊情怀，也就赢得了世人的钦佩和后人的赞誉。

列御寇

# 屠龙之术

朱泙漫学屠龙于支离益<sup>①</sup>，单千金之家<sup>②</sup>，三年技成而无所用其巧。

〔注释〕

①朱泙（pēng）漫：人名，姓朱泙，名漫。 支离益：人名，姓支离，名益。此二人疑为虚构的人物。

②单：同"殚"，尽。本句是说用尽千金家产。

〔译文〕

朱泙漫在支离益那里学习屠龙的技术，耗尽了千金的家产，三年学成技术却没有机会施展学到的技巧。

〔解读〕

脱离社会需求的本领再大，也是空有其术，英雄无用武之地。学到一种根本无法实践的技巧，其实是什么也没学到。既然无龙可屠，"无所用其巧"，又怎么能"技成"呢？

# 舐痔得车

宋人有曹商者，为宋王使秦①。其往也，得车数乘②；王说之③，益车百乘④。反于宋，见庄子曰："夫处穷间阨巷⑤，困窘织屦，槁项黄馘者⑥，商之所短也；一悟万乘之主而从车百乘者⑦，商之所长也。"

庄子曰："秦王有病召医，破痈溃痤者得车一乘⑧，舐痔者得车五乘⑨，所治愈下，得车愈多。子岂治其痔邪，何得车之多也？子行矣！"

〔注释〕

①宋王：指宋偃王。

②乘（shèng）：四匹马拉的车，一辆称为一乘。

③王：指秦惠王。

④益：增加，加多赐予。

⑤穷间阨巷：偏僻窄陋的里巷。阨，通"隘"，狭窄。

⑥槁项黄馘（guó）：脖颈干枯，面黄肌瘦。槁，干枯。项，脖颈。馘，头，这里

指脸。

　　⑦一悟：见上一面。悟，通"晤"。

　　⑧痈（yōng）：毒疮。　痤（cuó）：疖子。

　　⑨舐（shì）：舔。

〔译文〕

　　宋国有个叫曹商的人，替宋王出使秦国。他去的时候，从宋王那里得到几辆车子；到秦国后，秦王十分高兴，又加赐给他百辆车子。曹商返回宋国见到庄子，说："住在偏僻窄陋的街巷，依靠编织草鞋维持生活，营养不良，脖颈干枯，面黄肌瘦，这是我不如别人的地方；一旦与万乘大国的君主见上一面就能得到百辆车子，这是我的特长！"

　　庄子说："听说秦王有病，召请医生诊治。凡是替他破脓穿疖的便可得车一辆，凡是替他舐干净痔疮的血的，可得车五辆，治病的部位越是低下，得到的车子也就越多。你难道治疗过秦王的痔疮吗，不然怎么会得到这么多辆车子呢？你走吧！"

〔解读〕

　　曹商得车未必由于舐痔，但他为求得富贵利达而表现出的卑鄙无耻，得到赏赐后的沾沾自喜、志得意满，却活该得到这样的痛骂。反观当今社会，我们也会发现不少如曹商之流的人物吧。

# 《庄子》阅读（备考）方案

## 庄子是一个怎样的人

在中国文化史上，出现过这样一位巨人：他既是深邃哲学星空中耀眼的一颗明星，又是瑰丽艺术园地里的一朵奇葩。这"明星"和"奇葩"，就是具有哲人与诗人双重身份的庄子。

庄子（约前369—前286），名周，战国中期宋国蒙（今河南商丘）人。他生活在一个既辉煌又纷乱的时代，这个特殊的时代，加上他渊博的学识、丰富的阅历、敏锐的观察以及独特的个性，成就了他"追求我心最大自由"的人生道路和价值追求。所以，他宁愿在漆园（地名）做个形同隐居的小吏，也不肯接受楚威王的重聘，去担当宰相一类的大任。庄子曾说过：他不愿当一只死了的神龟，被盛装供奉，而宁可拖着尾巴在泥巴里自由地爬行；他也不愿当牺牛，生前被细心供养，宰杀后被披上锦绣，抬到太庙里，他宁可当一头任性奔走的野牛。由于有这样的价值守望，他长期在讲学、论道、著书中过着游心自然、适情顺性的生活，终生不肯与统治者合作，以至于过着"衣弊履穿""困窘织屦，槁项黄馘"这样艰难的生活。但是，在哲学与艺术、求道与审美这些方面，他却取得了巨匠和大师的成就，对中国文化的发展作出了巨大的贡献。

作为哲学巨匠，庄子是老子的继承者，先秦道家思想理论的集大成者。庄子与老子共同完成了道家学派的学术理论建构，它与以孔子、孟子为代表的儒家学派各树一帜，成为影响中国传统文化演进和发展的两大宗派。在中国文化建立起"光辉起点"的春秋战国时代，在"处士横议""百家争鸣"的思想氛围中，紧握"天人"（天人关系）机枢，标举"仁学"与"道论"的儒家和道家，在社会与自然、群体与个体的关系中，各自把握了一端，既相互对立，又相互补充，两家思想渗透并积淀在中国文化的众多领域与各个层面。相对而言，以"仁"为旗帜的儒家思想更多地渗透到政治秩序和伦理规范方面；而奉"道"为圭臬的道家思想则更多地积淀在哲学思维和艺术审美方面。

　　道家学派内部，在"道"为本体和"道法自然"这两个最根本的问题上，庄子与老子之间虽表现出明显的继承关系，但庄学又以《逍遥游》《齐物论》等为代表，为其个性鲜明的独创性哲学"别开一宗"，其基本特征与老学并不相同。形象地说，老子的"道"，属于一种宇宙本体论的"冷哲学"；庄子的"道"，则属于一种人本体论的"热哲学"。在老子那里，自然无为的"道"，是高悬在人之上的一种客观的、外在的存在，即如他所说："有物混成，先天地生。"这个"道"的宇宙论的建立，虽然意在从宇宙根源这个最高处来确定人类行为的标准和榜样，依循"道法自然"而省悟人所应该具有的诸如无为、不争、虚静、谦退之类的德性，但是，老子的"道"毕竟是一个"独立而不改"的外在于人的存在，人需要经过自己对这个外在的"道"的观察和认识，以取得人生行为的依据；而庄子却通过消解物我对立的"逍遥游"和"齐物论"哲学，把老子"独立不改"、外在于人的"道"，内化为一种人格心灵的境界。所谓"天地与我并生，而万物与我为一"（《齐物论》）、"独与天地精神往来"（《天下》）等等，都充分证明庄子的哲学在强调人与宇宙相通（天人合一）的整体性和对应性的同时，特别要求扩大人的内在生命。从这一点上可以说，庄子的"道"属于人本体论的"热哲学"。简言之，老庄的区别在于：老子以"道"为体，以社会政治为用，他的"无为而无不为"的道术，是一套立足于王权的治国管理之术，历代封建统治者都从中吸取谋略，老子的道术，完全是用世的哲学；而庄子"逍遥游"和"齐物论"的哲学，则是一种追求心灵自由，拓展精神空间，不以实用功利为目的，而以思辨和审美为旨趣的人格心灵哲学。以思辨和审美为基本特征的魏晋玄学，实际就是由庄子启其端绪，进而又延续影响于禅宗。玄学与禅宗，对中古及其后文人的精神与心态，都有不容忽视的作用。在庄学到魏晋玄学再到禅宗这条线索上，庄子对中国封建士大夫知识分子人格心灵、思维模式、审美心理等方面的影响，都远在老子之上。中国古代包括陶渊明、李白、苏轼、汤显祖、曹雪芹等在内的大诗人和大作家，几乎无一不受到庄子的启发和影响。

还应该特别指出的是，庄子是极富诗人气质的哲学家，他的哲学中充满了诗意的人生追求，因而，庄子又被看作是广义的诗人。

庄子不仅有思想家的"冷眼"，而且有诗人的"热肠"。"冷眼"使他始终保持了清醒的批判精神，因此他比常人更多地看到了当时社会的"无道"，天下的"沉浊"，人世间的丑恶，也比他那个时代所有的思想家，都更尖锐地击中了封建文明中那些"神圣的丑恶""绚丽的卑鄙""热烈的冷酷""习惯性的伪善"。他对人类所陷入的"人为物役"——人被自己所造成的财富、权势、野心、贪欲所主宰和支配的"异化"困境和"非美的生存状态"发出过无数慨叹，表现出极大的不安和忧虑。"热肠"则使他总是从"诗意地栖居""精神的畅适""个性的逍遥""审美的生存"这些角度来思考人的价值和意义。

为此,他在与"人为物役"的现实进行抗争的同时,又为渴望自由的人类心灵营造了一个"逍遥游"的境界。《逍遥游》所展示的生命自由、精神解放的境界,与"人为物役"的现实形成鲜明对照,那些得道而游,摆脱了世俗功名利禄的羁绊束缚,超越生死存亡之外的"至人""神人""圣人"形象,那些"无何有之乡""圹垠之野""四海之外""六极之外"的奇境,都是立足于"人为物役"的现实而产生的一种人生体验和社会感受的幻化,是对人类"诗意地栖居"的憧憬,"审美的生存"的追求。因而,这种对"人为物役"的"非美的生存现实"的诗意的超越,也就使庄子的思想充满了"诗意的光辉"。

诗意与诗性,还特别表现在庄子"与天为徒""天人合一"的哲学中。在庄子眼里,"道"的真谛就显现在"天地之美"、自然之美中:自然界不仅以其无限丰富性和深邃性成为美的化身、自由的象征和"道"的体现,而且,人的生命也化入自然之浩瀚流衍,达到与自然融通相与的境界。所以,"独与天地精神往来"的庄子,他的生命和精神就在自然山水中徜徉,"钓于濮水""游于濠梁之上"(《秋水》),"游于雕陵之樊"(《山木》),在"得至美而游乎至乐"(《田子方》)中,进入了人与自然默然两契的境界,发出了"山林与!皋壤与!使我欣欣然而乐与"(《知北游》)的怡畅之情,把对人生、生命的深深眷恋,借助于对自然的赞美而传递出来,而他对自然的深情呼唤,也得到了自然的深切回应。你可以看到,畅游于自然的庄子,就是"诗意地栖居""审美的生存",完全是个诗人的庄子。而诗人的庄子,则把天地万物当成生命的存在，并把自己的生命移植给它们。在哲人而兼诗人的庄子这里，东方古老的"天人合一"的观念，通过他在"齐物论"哲学中对（宇宙）自然本体与人本体同化为一的思考，表达为富有诗意的"天地与我并生，而万物与我为一"的名言，于是，通过庄子式的"坐忘""吾丧我"的悟性方式，在"以道观物"和"独与天地精神往来"中，便能臻至人与自然的融洽，达到物我之际的突破。庄子与惠施游于濠梁之上"知鱼之乐"，庄周梦蝶"不知周之梦为胡蝶与，胡蝶之梦为周与"的情境，都是在"以道观物"，接通天人物我之间内在的或精神的渠道的过程中，获得了"与物有宜""与物为春"的应会感应。这时，摆脱物累的自由心灵就会与浩瀚流衍的自然之道契合，在一种虚静澄明的精神状态中，把握宇宙生命的律动，妙悟自然的底蕴与人生的真谛。正是在这里，庄子发现了人与自然之间存在着一种同构关系，所以他把天地万物当成有生命的存在，并把自己的生命移植给它们。

因而，也正是在这里，已经蕴涵了"此中有真意，欲辨已忘言"（陶渊明）、"相看两不厌，只有敬亭山"（李白）、"好雨知时节，当春乃发生"（杜甫）那种天人合一，睿智深情，人融于物，情蕴于境的诗意。内涵丰富、诗性智慧的庄子哲学开创了把自然物视为有生命的存在以及将生命植入于自然的传统，后世许多诗人为进入一种思与道合、神与物游的创作状态，不能不像苏轼所说，"逍遥齐物追庄周"（《送文与可出守陵州》）。这个被历代诗人追攀的庄周，难道不是大诗人吗？

庄子是一位哲学家，但他是一位思考人类"诗意地栖居""审美的生存"的大哲人，所以，他必然又是大艺术家和大诗人。

# 《庄子》为什么分为"内篇" "外篇"和"杂篇"

　　《汉书·艺文志》著录"《庄子》五十二篇"。自汉至魏晋,《庄子》注本有多种,刘安、司马彪、崔譔、徐邈、李轨、向秀、郭象等都注过《庄子》,而仅有郭象注本传世,即今通行的《庄子》一书。郭象本《庄子》分"内篇""外篇""杂篇"三部分,其中"内篇"七篇、"外篇"十五篇、"杂篇"十一篇,共三十三篇。历代学者对《庄子》三十三篇的作者做了许多考辨工作,较为普遍的看法是:"内篇""外篇""杂篇"是不同时期集结而成的。"内篇"是庄周本人所著,最早集结起来,"外篇"为庄子门人或后学收集未编入集中的庄周文章及其门人的著作,"杂篇"是《庄子》内外篇流传之后,有人补辑认为是庄子或庄子学派的文章附于其后。尽管当前学术界对《庄子》内、外、杂篇作者的问题还存在着一些歧见,但是,研究者已经基本认同这样一个事实:《庄子》一书是辑录了以庄子为中心的原创理论而又包括其门人后学某些发展变化思想在内的庄子学派的一部文集,庄子本人无疑就是《庄子》一书的主笔。

# 《庄子》的文学成就

在先秦诸子中,《庄子》历来被公认为文学成就最为突出的一部著作。鲁迅曾评价道:"其文则汪洋辟阖,仪态万方,晚周诸子之作,莫能先也。"从语言表达到精神气质,《庄子》完成了内在的圆融统一,达到了独树一帜、自成一家的高度,成为了中国古典文学的创作典范与灵感泉源。欲述《庄子》之文学成就,姑且择举三大端言之。

## 一、异彩纷呈的寓言故事

《庄子》中包含大量的寓言故事,极具文学价值,也最为人所称道。司马迁便称庄周"著书十余万言,大抵率寓言也"。直至今日,朝三暮四、螳臂当车、邯郸学步等故事仍然广为流传。

《庄子》中的寓言故事颇为动人,这与其生动形象的描写密不可分。如《让王》中描述曾子,"缊袍无表,颜色肿哙,手足胼胝。三日不举火,十年不制衣,正冠而缨绝,捉衿而肘见,纳屦而踵决。曳縰而歌《商颂》,声满天地,若出金石。天子不得臣,诸侯不得友",勾勒出物质穷苦但精神傲岸的曾子形象;《养生主》中借庖丁之口写其解牛的动作,"动刀甚微,謋然已解,如土委地。提刀而立,为之四顾,为之踌躇满志,善刀而藏之",足见庖丁技艺纯熟高超,姿态亦举重若轻。

除此之外,故事的叙述或一针见血,或间有铺垫转折,但都离奇生动、引人入胜。如《至乐》中庄子妻子过世,惠子前来吊唁,在本应大为悲恸的情境里，庄子却没有痛哭流涕，反而鼓盆而歌，一派欢欣，惠子为此不满，由此也引出了庄子视死生为气变的论述。《达生》中写孔子观水，"鼋鼍鱼鳖之所不能游"的地方却有一男子，便以为是寻短见之人。直至男子出水，才发现是长于水边、习于游水之人，由此告诉人们不同的人各有其习性自然，非他人所想当然耳。

就这些寓言故事的来源看，一部分出于生活体验，还有一部分则出于志怪传说，例如能够化为鹏鸟的鲲鱼、凿开七窍而死的浑沌。无论是尘世之事还是虚幻之物，经由《庄子》的叙述，皆能发人之不能见，想人之不能想，带来奇妙独特的阅读体验与生命思考。

寓言非庄子首创，却由庄子用多用精，进而发扬光大，影响着后世寓言与小说等虚构文学的创作。

### 二、意出尘外的审美风貌

司马迁曾评价庄子"洸洋自恣以适己"，即在描述其著述不受拘束而能独具个性的风貌。古往今来的文人学者也多给予《庄子》"意出尘外，怪生笔端""光怪变幻，能使人骨惊神悚"等赞誉。《庄子》之所以具备这样独特的气质，从文学角度来看，与它典型意象的选择与表现手法的成熟运用不无关系，这也是其文学成就的重要方面。

《庄子》中充满了奇妙绝伦的形象，往往超出尘世之外，如"肌肤若冰雪，绰约若处子"的姑射神人，存在于神话中的浑沌、夔、河伯与海若，又有能够口吐人言的空髑髅。而在万物有灵的观念下，动物亦具备人的特性，如蜩与学鸠、井蛙与海鳖、涸辙之鲋，以及能与庄周互相转化的蝴蝶。

　　意象选择之外，还注重运用想象力，通过描写、象征等表现手法，为意象赋予独特内涵，由此营造出《庄子》意出尘外的风貌。

　　《庄子》中的描绘触处生春，除了擅长铺陈描写具体的人事物外，抽象事物亦描绘得动人心魄。例如《齐物论》里铺写风与窍穴激荡而成的地籁："山林之畏佳，大木百围之窍穴，似鼻，似口，似耳，似枅，似圈，似臼，似洼者，似污者。激者，謞者，叱者，吸者，叫者，譹者，宎者，咬者。前者唱于而随者唱喁，泠风则小和，飘风则大和，厉风济则众窍为虚。"

　　与此同时，还借由象征手法，使虚幻的事物具备丰富的现实寓意，涵义蕴藉而使人回味无穷。《秋水》中的鹓雏"非梧桐不止，非练实不食，非醴泉不饮"，品位不俗，生性高洁。鸱得一腐鼠，见鹓雏经过而心生猜忌，并加以恐吓。这一故事放置于"惠子相梁，庄子往见之"的背景下讲述，便具备了现实讽刺意味。唐人李商隐正是受此启发，在《安定城楼》一诗中留下"不知腐鼠成滋味，猜意鹓雏竟未休"的名句。

　　《庄子》中的"象"千奇百怪，而在其背后，则是自出机杼、逸出尘外的"意"。正是它们使得《庄子》一书从形式到内涵皆呈现出光怪变幻、意出尘外的审美风貌。


### 三、哲理与诗意交融

　　"向来一切伟大的文学和伟大的哲学是不分彼此的"，《庄子》深邃、伟大而能动人的文学核心，离不开哲学的起点。闻一多曾形象地说，庄子哲学"不像寻常那一种矜严的、峻刻的、料峭的一味皱眉头、绞脑子的东西；他的思想本身便是一首绝妙的诗"。庄子诞生在诸子百家争鸣的时代，在中华文明的源头，充满了关于人类本质与生存问题的思考与探寻，更饱含着生命体验的细腻而深邃的情思。面对个体生命的有限、人性与社会冲突等困境，庄子之"道"崇尚率情任性，奉行全性葆真，追求超脱自由。可以说，他所追求的"乘云气，骑日月，而游乎四海之外"的精神境界，存在于文学营造的美好世界里，只能借由文学的语言描绘。因而，向往"诗意地栖居"的《庄子》，其灵魂既是哲学的，也是文学的，故而有人称其为诗化哲学，或是哲学的诗。

《庄子》中的哲思，尤其擅长通过变换视角，拓宽视野，进行辩证思考、多维分析。《逍遥游》中"覆杯水于坳堂之上，则芥为之舟"，展现出小大的相对性。《齐物论》中认为毛嫱、丽姬是人之所美，但鱼、鸟、麋鹿却见之立逃，天下真正的美丽难以判断，这样的观念将人视作自然中的一员，超越了以人类为中心的狭窄视野。

《庄子》中的诗意既来自于诗性的哲学思考，也来自于意出尘外的文学表达，更来自于真切动人的情感、领悟。面对人性的丑陋而借"曾不如早索我于枯鱼之肆"之语加以讥讽，幽默之下掩藏着嘲弄与愤懑；面对好友的坟墓而慨叹"自夫子之死也，吾无以为质矣，吾无与言之矣"，是知音去后的孤独与苍凉。面对生命，总有无尽的追问："天下有至乐无有哉？有可以活身者无有哉？今奚为奚据？奚避奚处？奚就奚去？奚乐奚恶？"面对穷困境遇，苦苦思索并追问命运："父母岂欲吾贫哉？天无私覆，地无私载，天地岂私贫我哉！求其为之者而不得也。然而至此极者，命也夫！"种种沉重与悲哀，映衬得他那摆脱束缚、回归自然的理想更加熠熠生辉。

　　《天下》一篇这样概括《庄子》的文风与思想:"以谬悠之说,荒唐之言,无端崖之辞,时恣纵而不傥,不以觭见之也。以天下为沉浊,不可与庄语,以卮言为曼衍,以重言为真,以寓言为广。独与天地精神往来,而不敖倪于万物,不谴是非,以与世俗处。"跨越千年的时空,透过层叠的纸面,在汪洋恣肆的文字里,那抹独立张扬、不与俗同的灵魂仍在御风飞翔。

# 《庄子》成语精选

## 内篇·逍遥游第一

**鹏程万里** 鹏鸟一飞数千里。后比喻前程远大，不可限量。

《谐》之言曰："鹏之徙于南冥也，水击三千里，抟扶摇而上者九万里，去以六月息者也。"

**榆枋之见** 榆枋，榆树与枋树，比喻狭小的天地。后用以比喻浅薄的见解。

蜩与学鸠笑之，曰："我决起而飞，抢榆枋，时则不至，而控于地而已矣，奚以之九万里而南为？"

**扶摇直上** 暴风由下盘旋而上。后比喻仕途得志。

抟扶摇羊角而上者九万里，绝云气，负青天，然后图南，且适南冥也。

**越俎代庖** 主祭者跨过礼器而代替厨师。比喻超越自己的职分而代人做事。

庖人虽不治庖，尸祝不越樽俎而代之矣。

**大而无当** 形容言语过分夸张而不着边际，或表示事物过大而不切实用。

肩吾问于连叔曰："吾闻言于接舆，大而无当，往而不返。"

**河汉无极** 银河广阔，无边无际。比喻言论荒诞不经，难以置信。后亦比喻恩泽广大，难以报答。

**大有径庭** 比喻相差很远，大不相同。

**不近人情** 言行不合乎人之常情，也可指性情或言行怪癖。

吾惊怖其言，犹河汉而无极也，大有径庭，不近人情焉。

**姑射神人**　传说住在姑射山上的仙人。后泛指美貌女子。

**吸风饮露**　以风、露为食物，常用以指神仙断绝五谷，不食人间烟火。

藐姑射（yè）之山，有神人居焉。肌肤若冰雪，绰约若处子。不食五谷，吸风饮露。

**断发文身**　剪短头发，在身上刺花纹，旧指未开化地区的野蛮风俗。

宋人资章甫而适诸越，越人断发文身，无所用之。

**樗栎庸材**　不成材的树木。比喻平庸无用的人，常用作谦词。

惠子谓庄子曰："吾有大树，人谓之樗（chū）。其大本拥肿而不中绳墨，其小枝卷曲而不中规矩。立之涂，匠者不顾。今子之言，大而无用，众所同去也。"

**无何有之乡**　没有任何东西的地方。后泛指虚幻的境界或不可能实现的空想。

今子有大树，患其无用，何不树之于无何有之乡，广莫之野，彷徨乎无为其侧，逍遥乎寝卧其下，不夭斤斧，物无害者，无所可用，安所困苦哉。

## 内篇·齐物论第二

**槁木死灰**　干枯的树木与陈久的冷灰。比喻情绪消沉低落，心灰意懒，了无生趣。

颜成子游立侍乎前，曰："何居乎？形固可使如槁木，而心固可使如死灰乎？"

**朝三暮四** 原指用诈术欺骗人。后比喻变化多端,反复无常。

狙公赋芧(xù),曰:"朝三而暮四。"众狙皆怒。曰:"然则朝四而暮三。"众狙皆悦。

**秋毫之末** 秋天鸟兽新长的细毛的末端。比喻极细微的东西。

夫天下莫大于秋毫之末,而太山为小。

**存而不论** 把问题保留下来,暂不讨论。

**六合之内** 六合,天地及东南西北。指天下。

六合之外,圣人存而不论;六合之内,圣人论而不议。

**姑妄言之,姑妄听之** 随便说说,随便听听。

予尝为女妄言之,女亦以妄听之,奚?

**庄周梦蝶** 庄子在梦中化为蝴蝶。原借以阐明"物化"的道理,后比喻人生变化无常、梦幻迷离。

昔者庄周梦为胡蝶,栩栩然胡蝶也,自喻适志与,不知周也。俄然觉,则蘧蘧然周也。不知周之梦为胡蝶与,胡蝶之梦为周与?

### 内篇·养生主第三

**庖丁解牛** 庖丁擅长宰牛,且技巧极为熟练。比喻经过反复实践,了解透彻,掌握规律,做事得心应手,运用自如。

庖丁为文惠君解牛,手之所触,肩之所倚,足之所履,膝之所踦,砉然响然,奏刀騞然,莫不中音,合于《桑林》之舞,乃中《经首》之会。

**目无全牛** 比喻技艺精湛纯熟。

始臣之解牛之时,所见无非牛者,三年之后,未尝见全牛也。

**官止神行** 官能停止,精神仍能感知事物,指对某一事物了解透彻,技巧娴熟,而能从心所欲。

方今之时，臣以神遇，而不以目视，官知止而神欲行。

**批隙导窾**　比喻善于从关键处入手，顺利解决问题。

依乎天理，批大郤，导大窾，因其固然。

**新发于硎**　刀刚在磨刀石上磨过。形容非常锋利或初露锋芒。

今臣之刀十九年矣，所解数千牛矣，而刀刃若新发于硎。

**游刃有余**　刀刃运转于骨节空隙中，有回旋的余地。比喻做事熟练，解决问题轻松利落。

彼节者有间，而刀刃者无厚；以无厚入有间，恢恢乎其于游刃必有余地矣。

**踌躇满志**　从容自得，志得意满。

**善刀而藏**　把刀擦拭干净收藏起来。比喻有所收敛而不外炫。

提刀而立，为之四顾，为之踌躇满志，善刀而藏之。

**一饮一啄**　原指鸟类要吃就吃，想喝就喝，随心饮食，自由自在。后泛指人的饮食。

泽雉十步一啄，百步一饮，不蕲（qí）畜乎樊中。神虽王，不善也。

**安时处顺**　安于常分，顺其自然。形容满足于现状。

适来，夫子时也；适去，夫子顺也。安时而处顺，哀乐不能入也，古者谓是帝之县解。

**薪尽火传**　薪柴烧尽，火种仍能留传。后比喻思想、学问或技艺师生授受，世代相传。

指穷于为薪，火传也，不知其尽也。

## 内篇·人间世第四

**师心自用**　以己意为师，比喻刚愎自用，自以为是。

仲尼曰："恶！恶可！大多政，法而不谍，虽固，亦无罪。虽然，止是耳矣，夫胡可以及化！犹师心者也。"

**饮冰内热** 形容内心十分惶恐焦灼。

今吾朝受命而夕饮冰，我其内热与！

**安之若命** 对于所遭受的不幸，视为命中注定而甘心承受。

是以夫事其亲者，不择地而安之，孝之至也；夫事其君者，不择事而安之，忠之盛也；自事其心者，哀乐不易施乎前，知其不可奈何而安之若命，德之至也。

**溢美之言** 过分夸奖的话。

夫两喜必多溢美之言，两怒必多溢恶之言。

**螳臂当车** 螳螂奋举前臂企图阻挡车轮前进。比喻不自量力，必然招致失败的结局。

汝不知夫螳螂乎？怒其臂以当车辙，不知其不胜任也，是其才之美者也。

**画地而趋** 只在划定范围内进退行动。比喻苦于礼法的拘束，又可比喻不知变通。

已乎已乎，临人以德。殆乎殆乎，画地而趋。

**无用之用** 指没有用处同样是一种大用。

人皆知有用之用，而莫知无用之用也。

## 内篇·德充符第五

**虚往实归** 指虚心往学，有得而归。

立不教，坐不议，虚而往，实而归。

**废然而反**　怒气消失,恢复常态。

人以其全足笑吾不全足者多矣,我怫然而怒;而适先生之所,则废然而反。

**和而不唱**　指赞同别人的意见,不坚持自己的说法。

未尝有闻其唱者也,常和而已矣……和而不唱,知不出乎四域。

## 内篇·大宗师第六

**相濡以沫**　鱼儿以口沫相互滋润。比喻同处困境,以微薄之力互相救助。

泉涸,鱼相与处于陆,相呴以湿,相濡以沫,不如相忘于江湖。

**善始善终**　做事情有好的开头,也有好的结尾。形容办事认真。

善妖善老,善始善终,人犹效之,而况万物之所系,而一化之所待乎!

**相视而笑**　互相看着对方,发出会心的一笑。形容情投意洽的情态。

**莫逆之交**　心意相投的朋友。

四人相视而笑,莫逆于心,遂相与为友。

**不知端倪**　指没有头绪。

反复终始,不知端倪。

## 内篇·应帝王第七

**功盖天下**　功劳盖世。

老聃曰:“明王之治:功盖天下而似不自己,化贷万物而民弗恃。”

**虚与委蛇**　指对人假意附和,敷衍应酬。

吾与之虚而委蛇，不知其谁何，因以为弟靡，因以为波流，故逃也。

**浑沌不分** 浑沌原为寓言中的中央之帝，意喻顺应自然状态。后用以表示愚昧无知。

日凿一窍，七日而浑沌死。

## 外篇·骈拇第八

**骈拇枝指** 比喻多余而无用的东西。

骈拇枝指，出乎性哉，而侈于德。

**金石丝竹** 泛指各类乐器，也可指各种音乐。

**黄钟大吕** 形容音乐或言辞庄严正大、和谐高妙。

多于聪者，乱五声，淫六律，金石丝竹黄钟大吕之声非乎？而师旷是已。

**累瓦结绳** 比喻堆砌无用的言词。

骈于辩者，累瓦结绳窜句，游心于坚白同异之间，而敝跬誉无用之言非乎？而杨墨是已。

**续凫断鹤** 比喻违反事物本性，欲益反损。

是故凫胫虽短，续之则忧；鹤胫虽长，断之则悲。

**蒿目时艰** 指对时事忧虑不安。

今世之仁人，蒿目而忧世之患；不仁之人，决性命之情而饕贵富。

## 外篇·马蹄第九

**中规中矩** 指合乎一定的标准和法则。

陶者曰："我善治埴，圆者中规，方者中矩。"

**含哺鼓腹**　形容太平时期，人们吃饱喝足，悠闲无虑，生活安乐。

夫赫胥氏之时，民居不知所为，行不知所之，含哺而熙，鼓腹而游，民能以此矣。

## 外篇·胠箧第十

**探囊胠箧**　伸手入口袋，撬开小箱子，比喻偷盗行为。

将为胠箧、探囊、发匮之盗而为守备，则必摄缄縢，固扃鐍，此世俗之所谓知也。

**盗亦有道**　盗贼也须具备一定的才能与原则。后指盗贼遵循一定的道义，不随意盗窃他人财物。

故跖之徒问于跖曰："盗亦有道乎？"跖曰："何适而无有道邪！"

**唇竭齿寒**　比喻利害关系密切。

故曰，唇竭则齿寒，鲁酒薄而邯郸围，圣人生而大盗起。

**窃钩窃国**　偷窃小物之人遭诛杀，盗取国家权柄之人则封为诸侯，讽刺是非颠倒，或法制的虚伪败坏。

彼窃钩者诛，窃国者为诸侯，诸侯之门而仁义存焉，则是非窃仁义圣知邪？

**绝圣弃智**　抛弃智慧聪明，返归于人的天真纯朴。

故绝圣弃知，大盗乃止。

**延颈举踵**　伸长脖子，抬起脚跟。形容殷切盼望的样子。

今遂至使民延颈举踵曰"某所有贤者"，赢粮而趣之，则内弃其亲而外去其主之事，足迹接乎诸侯之境，车轨结乎千里之外。

**恬淡无为**　心境清静淡泊而无所营求。

释夫恬淡无为而悦夫哼哼之意，哼哼已乱天下矣。

### 外篇·在宥第十一

**窈窈冥冥** 形容精深微妙、渺茫恍惚。

**昏昏默默** 看不见听不到的状态,指至道难见莫测。也可指迷糊而不知所以的状态。

至道之精,窈窈冥冥;至道之极,昏昏默默。

**独往独来** 指性行自由,无所依傍。后也指独自一人的状态。

出入六合,游乎九州,独往独来,是谓独有。


### 外篇·天地第十二

**忿然作色** 由于愤怒而变了脸色。

为圃者忿然作色而笑曰……

**只知其一,不知其二** 只了解事物的一个方面,而不清楚它的另一方面。指认识片面,不够完整彻底。

识其一,不知其二;治其内,而不治其外。

**不肖子孙** 指品德差,没出息,不能继承先辈事业的子孙或晚辈。

亲之所言而然,所行而善,则世俗谓之不肖子;君之所言而然,所行而善,则世俗谓之不肖臣。

**大惑不解** 十分迷惑,不能理解。

大惑者终身不解,大愚者终身不灵。


### 外篇·天道第十三

**不可言传** 指某些事理只能揣摩领悟,不能用言语来表达。

意之所随者，不可以言传也，而世因贵言传书。

**知者不言，言者不知**　指明智的人不随便说话，随便说话的人没有真知灼见。

夫形色名声，果不足以得彼之情，则知者不言，言者不知，而世岂识之哉！

**轮扁斫轮**　指精湛的技艺。

桓公读书于堂上，轮扁斫轮于堂下，释椎凿而上，问桓公曰……

**不徐不疾**　不快不慢，从容自如。

**得心应手**　技艺纯熟，运用自如，做事顺利。

斫轮，徐则甘而不固，疾则苦而不入。不徐不疾，得之于手而应之于心，口不能言，有数存乎其间。


## 外篇·天运第十四

**推舟于陆**　比喻徒劳无功。

**劳而无功**　花费了力气，却没有收到成效。

今蕲行周于鲁，是犹推舟于陆也，劳而无功，身必有殃。

**里丑捧心**　盲目模仿别人，结果适得其反。

西施病心而颦其里，其里之丑人见而美之，归亦捧心而颦其里。其里之富人见之，坚闭门而不出；贫人见之，挈妻子而去走。


## 外篇·刻意第十五

**吐故纳新**　比喻扬弃旧有的，吸取新的事物。

吹呴呼吸，吐故纳新，熊经鸟申，为寿而已矣。

### 外篇·缮性第十六

**傥来之物**　指意外得到的东西。后用来比喻不应得到或非本分应得的东西。

轩冕在身，非性命也，物之傥来，寄者也。

### 外篇·秋水第十七

**望洋兴叹**　比喻做事时因力不胜任或没有条件而感到无可奈何。

于是焉河伯始旋其面目，望洋向若而叹曰……

**贻笑大方**　指被见识广博或精通此道的内行人所笑。

今我睹子之难穷也，吾非至于子之门则殆矣，吾长见笑于大方之家。

**井蛙之见**　比喻狭隘短浅的见解。

**夏虫不可以语冰**　比喻时间局限人的见识。也比喻人囿于所闻，见识短浅。

井蛙不可以语于海者，拘于虚也；夏虫不可以语于冰者，笃于时也。

**太仓稊米**　大谷仓中的一粒小米。比喻微不足道，非常渺小。

计四海之在天地之间也，不似礨空之在大泽乎？计中国之在海内，不似稊米之在大仓乎？

**一日千里**　形容良马跑得很快。后比喻进步神速或事情发展迅速。

骐骥骅骝，一日而驰千里，捕鼠不如狸狌，言殊技也。

**视死若生**　形容不怕死。

**临难不惧**　遭遇危难，并不恐惧。

夫水行不避蛟龙者，渔父之勇也；陆行不避兕虎者，猎夫之勇也；白刃交于前，视死若生者，烈士之勇也；知穷之有命，知通之有时，临大难而不惧者，圣人之勇也。

**坎井之蛙**　形容见识不多的人。

公子牟隐机太息，仰天而笑曰："子独不闻夫坎井之蛙乎？谓东海之鳖曰……"

**邯郸学步**　比喻模仿人不到家，反而失却了自身已有的能力。

且子独不闻夫寿陵余子之学行于邯郸与？未得国能，又失其故行矣，直匍匐而归耳。

**曳尾涂中**　比喻宁愿贫困而逍遥自在，也不愿享受尊贵礼遇却备受束缚。后也比喻在污浊环境中苟且偷生。

吾闻楚有神龟，死已三千岁矣，王巾笥（sì）而藏之庙堂之上。此龟者，宁其死为留骨而贵乎？宁其生而曳尾于涂中乎？

**濠梁之上**　指别有会心，自得其乐的境地。

庄子与惠子游于濠梁之上……

### 外篇·至乐第十八

**夜以继日**　表示夜晚接着白天，一直不歇息。

夫富者，苦身疾作，多积财而不得尽用，其为形也亦外矣。夫贵者，夜以继日，思虑善否，其为形也亦疏矣。

**斧钺之诛**　用斧、钺杀人的刑罚，泛指死刑。

将子有亡国之事，斧钺之诛，而为此乎？

### 外篇·达生第十九

**不上不下**　形容进退两难。

夫忿滀之气，散而不反，则为不足；上而不下，则使人善怒；下而不上，则使人善忘；不上不下，中身当心，则为病。

**呆若木鸡**　形容因愚笨或惊惧而发呆的神态。

十日又问。曰："几矣。鸡虽有鸣者，已无变矣。望之，似木鸡矣，其德全矣。异鸡无敢应者，反走矣。"

**昭然若揭**　指如同高举日月般清楚明白。后多指真相显现无疑。

今汝饰知以惊愚，修身以明污，昭昭乎若揭日月而行也。

### 外篇·山木第二十

**君子之交淡如水，小人之交甘若醴**　君子之间的情谊，志同道合，不求私利，平淡如水，不尚虚华。小人之间以利益相交，得到利益和甜头则亲密无间，失去利益则恩断义绝。

且君子之交淡若水，小人之交甘若醴；君子淡以亲，小人甘以绝。

**螳螂捕蝉，黄雀在后**　比喻眼光短浅，只图眼前利益而不顾后患。

睹一蝉，方得美荫而忘其身；螳螂执翳而搏之，见得而忘其形；异鹊从而利之，见利而忘其真。

### 外篇·田子方第二十一

**亦步亦趋**　本指学生追随老师的脚步。后形容因缺乏主张或讨好他人等原因，而事事追随，处处模仿他人。

**奔逸绝尘**　形容奔走的速度极快。也比喻人才杰出。

**瞠乎其后**　瞠大眼睛在后遥望。比喻落后很多，追赶不上。

颜渊问于仲尼曰："夫子步亦步，夫子趋亦趋，夫子驰亦驰；夫子奔逸绝尘, 而回瞠若乎后矣! ”

**不言而信**　君子不用说什么就能得到别人的信任。形容有崇高的威望。

夫子不言而信, 不比而周, 无器而民滔乎前, 而不知所以然而已矣。

**哀莫大于心死**　指最可悲哀的事, 莫过于思想顽钝, 麻木不仁, 丧失良知灵魂。

仲尼曰: “恶! 可不察与! 夫哀莫大于心死, 而人死亦次之。”

**失之交臂**　指错失良机。

吾终身与汝交一臂而失之, 可不哀与!

**一晦一明**　一暗一明, 常指昼夜循环。

消息满虚, 一晦一明, 日改月化, 日有所为, 而莫见其功。

**德配天地**　指道德可与天地匹配, 极言道德之高尚盛大。

孔子曰: “夫子德配天地, 而犹假至言以修心, 古之君子, 孰能脱焉? ”

**汗流至踵**　形容极端恐惧或惭愧。

御寇伏地, 汗流至踵。


## 外篇·知北游第二十二

**化腐朽为神奇**　指死生相互转化、循环。后比喻将废物加以妥善利用, 变废为宝, 变无用为有用。

故万物一也, 是其所美者为神奇, 其所恶者为臭腐; 臭腐复化为神奇, 神奇复化为臭腐。

**白驹过隙**　小白马在细小的缝隙前跑过。形容时光飞逝。

人生天地之间, 若白驹之过郤, 忽然而已。

### 杂篇·庚桑楚第二十三

**日计不足，岁计有余**　比喻积少成多。也比喻凡事只要持之以恒，就能有很大收获。

今吾日计之而不足，岁计之而有余。

**数米而炊**　数着米粒做饭。比喻处事烦琐，计较小利。也形容生活困难。

简发而栉，数米而炊，窃窃乎又何足以济世哉。

### 杂篇·徐无鬼第二十四

**超轶绝尘**　形容飞奔迅速。也比喻超群越众，出类拔萃。

天下马有成材，若恤若失，若丧其一。若是者，超轶绝尘，不知其所。

**运斤成风**　比喻手法纯熟，技术出神入化。

匠石运斤成风，听而斫之，尽垩而鼻不伤，郢人立不失容。

**喙长三尺**　形容人能言善辩。

丘愿有喙三尺。

**如蚁附膻**　比喻臭味相投的人追求坏事物。亦比喻趋炎附势或追名逐利的卑劣行径。

羊肉不慕蚁，蚁慕羊肉，羊肉膻也。

### 杂篇·则阳第二十五

**蜗角之争**　比喻为小利而引起争端。

有国于蜗之左角者曰触氏，有国于蜗之右角者曰蛮氏，时相与争地而战，伏尸数万，逐北旬有五日而后反。

**安危相易，祸福相生** 平安与危难、灾祸与幸福是互相转化、互相依存的。

安危相易，祸福相生，缓急相摩，聚散以成。

## 杂篇·外物第二十六

**苌弘化碧** 比喻精诚忠正。

苌弘死于蜀，藏其血三年，化而为碧。

**涸辙之鲋** 比喻陷入困境，急需救援的人或物。

周顾视车辙中，有鲋鱼焉。

**斗升之水** 比喻微薄的资助。

对曰："我，东海之波臣也。君岂有斗升之水而活我哉？"

**枯鱼之肆** 比喻无法挽救的困境。

吾得斗升之水然活耳，君乃言此，曾不如早索我于枯鱼之肆！

**惮赫千里** 形容声威极盛。

已而大鱼食之，牵巨钩，锚没而下，骛扬而奋鬐，白波若山，海水震荡，声侔鬼神，惮赫千里。

**诗礼发冢** 一边念着诗书，一边挖坟盗墓。后用来讽刺口是心非、言行不一的伪君子。

儒以诗礼发冢。

**算无遗策** 比喻计划周密，从不失算。

乃刳龟，七十二钻，而无遗策。

**尊古卑今** 崇尚古代而藐视现代。

夫尊古而卑今,学者之流也。

**得鱼忘筌** 比喻悟道者忘其形骸。后多比喻人在成功后忘本背恩。犹言"得兔忘蹄"。

**得意忘言** 比喻不拘泥于文辞。后指彼此有默契,心照不宣。

荃者所以在鱼,得鱼而忘荃;蹄者所以在兔,得兔而忘蹄;言者所以在意,得意而忘言。

### 杂篇·寓言第二十七

**心服口服** 指真心信服。

鸣而当律,言而当法,利义陈乎前,而好恶是非直服人之口而已矣。使人乃以心服,而不敢蘁(wù)立,定天下之定。

### 杂篇·让王第二十八

**日出而作,日入而息** 用以描述上古时代人们自由自在的生活状态。后泛指农家淳朴安定的作息与生活。

日出而作,日入而息,逍遥于天地之间而心意自得。

**瓮牖桑枢** 比喻贫寒之家。

原宪居鲁,环堵之室,茨以生草;蓬户不完,桑以为枢;而瓮牖二室,褐以为塞;上漏下湿,匡坐而弦。

**手足胼胝** 手掌和脚底长满厚茧。形容极为辛劳勤苦。

**捉襟见肘** 拉一下衣襟就露出胳膊肘儿,比喻衣衫褴褛,生活贫困。又比喻顾此失彼,处境困难。

**纳屦踵决** 穿上鞋子,破了后跟。形容处境困难。

曾子居卫,缊袍无表,颜色肿哙,手足胼胝。三日不举火,十年不制衣，正冠而缨绝，捉衿而肘见，纳屦而踵决。

## 杂篇·盗跖第二十九

**横行天下** 纵横天下，不受阻碍。亦形容南征北战，处处称强，没有敌手。

盗跖从卒九千人，横行天下，侵暴诸侯。

**发上指冠** 比喻愤怒到了极点。

盗跖闻之大怒，目如明星，发上指冠。

**摇唇鼓舌** 要弄嘴皮子。比喻卖弄口才，搬弄是非。

尔作言造语，妄称文武，冠枝木之冠，带死牛之胁。多辞缪说，不耕而食，不织而衣，摇唇鼓舌，擅生是非，以迷天下之主。

**南面称孤** 指自立为君，称王天下。

凡人有此一德者，足以南面称孤矣。

**面誉背毁** 指当面称赞，背后毁谤。

且吾闻之，好面誉人者，亦好背而毁之。

**以强凌弱，以众暴寡** 仗着自身强大欺侮弱者。

自是之后，以强凌弱，以众暴寡。

**尾生抱柱** 相传尾生与女子约定在桥梁相会，久候不至，水涨，抱柱而死。后用以比喻坚守信约。

尾生与女子期于梁下，女子不来，水至不去，抱梁柱而死。

## 杂篇·说剑第三十

**茫然自失** 形容心中迷惘，若有所失的样子。

文王芒然自失，曰："诸侯之剑何如？"

### 杂篇·渔父第三十一

**同声相应** 原指声音相应和。后比喻志趣相同的人相互应和。

客曰："同类相从，同声相应，固天之理也。"

**分庭抗礼** 比喻平起平坐，地位相当。

万乘之主，千乘之君，见夫子未尝不分庭伉礼，夫子犹有倨敖之容。

### 杂篇·列御寇第三十二

**屠龙之技** 比喻不实用的绝技。

**千金之家** 指有钱人家。

朱泙漫学屠龙于支离益，单千金之家，三年技成而无所用其巧。

**吮痈舐痔** 比喻谄媚之徒奉承阿附权贵之人的卑劣行为。

庄子曰："秦王有病召医，破痈溃痤者得车一乘，舐痔者得车五乘，所治愈下，得车愈多。子岂治其痔邪，何得车之多也？子行矣！"

**探骊得珠** 在骊龙的颔下探得宝珠，原指冒大险得大利。后引申为写作文章能够抓住要领，深得题旨的精髓。

庄子曰："河上有家贫恃纬萧而食者，其子没于渊，得千金之珠。其父谓其子曰：'取石来锻之！夫千金之珠，必在九重之渊而骊龙颔下，子能得珠者，必遭其睡也。使骊龙而寤，子尚奚微之有哉！'"

### 杂篇·天下第三十三

**内圣外王** 内备圣人之德，外具王者之风。指内外兼修，学术、德行二者具备。

是故内圣外王之道，暗而不明，郁而不发，天下之人各为其所欲焉以自为方。

**栉风沐雨**　以风梳发，以雨沐浴。比喻在外奔走，极为辛劳。

腓（féi）无胈（bá），胫无毛，沐甚雨，栉疾风，置万国。

**学富五车**　形容读书多，学问渊博。

惠施多方，其书五车，其道舛驳，其言也不中。